qu'il pourrait céder, s'il n'avait pas de goût pour l'horticulture. Sur les trente détenus, la moitié aliéna sa propriété.

Voilà des essais communistes relatés par un ancien communiste de Lyon. Il y a encore beaucoup de millions d'hectares d'inoccupés sur la surface du globe. MM. Paul Lafargue, Jaurès et Jules Guesde feraient bien d'aller, sur un coin disponible, fonder une nouvelle Icarie et s'assurer, par une expérience limitée, de la possibilité de soumettre un pays comme la France au collectivisme. Mais ils ne répondront pas à cette invitation. Ils aiment mieux les mots que les faits.

Ni eux, ni personne parmi leurs amis, n'ont eu l'idée de se joindre aux quatorze Autrichiens, aux quatre Anglais, au Danois et à l'Américain qui sont partis, au mois de mars dernier, de Hambourg pour Lama, port situé sur la côte orientale d'Afrique, à environ 2 degrés au-dessous de l'équateur, dans le but de s'établir sur un territoire qu'ils ont appelé Freeland (Terre libre), et là, sous la direction d'un Autrichien, le docteur Hertzka, de faire un essai d'organisation communiste sur les bases suivantes.

La terre n'appartient ni à la communauté ni aux individus, mais chacun en use librement. Les travailleurs individuels ou les groupes de travailleurs ont tout ce qu'ils produiront, mais ils sont tenus d'accepter la participation dans leur travail de tout membre de la société qui la réclame.

Il n'y a pas de propriétaires percevant des fermages, ni de capitalistes percevant des revenus. Il n'y a qu'une taxe, prélevée sur le revenu et destinée à pourvoir aux dépenses de la collectivité, à l'éducation des enfants, à l'assistance de ceux qui ne peuvent travailler, aux chemins de fer, à la poste et à l'installation de nouvelles industries, de manière que le capital nécessaire ne touche pas d'intérêt. Un comité central, élu par l'entière communauté, administre le produit de l'impôt ; il prend les produits des divers groupes ou des divers métiers.

On suppose que, d'après cette méthode, les membres de la communauté s'annexeront aux groupes dont les profits seront les plus grands, d'après une comptabilité sur laquelle nous n'avons pas de renseignements ; qu'il en résultera une égalité pratique dans la rémunération du travail. Il n'est pas dit cependant que cette rémunération prendra toujours la forme d'argent ou d'une répartition de produits, parce qu'il y a telles associations qui pourront préférer pour salaire plus de loisir ou plus de plaisir. On ne prévoit aucune augmentation de gain pour ceux qui seront spécialement habiles à s'engager dans des travaux délicats ou d'une difficulté spéciale ou qui montreront leur capacité organisatrice ou administrative. Les membres qui voudront épargner le pourront, mais ils ne pourront employer leurs épargnes à exploiter leurs compagnons.

Tel était le programme de ces gens, qui étaient tout d'abord partis avec un capital d'armes dépassant de beaucoup les limites permises par la convention de Bruxelles, qui ne tolère que le transport des armes limitées à la défense personnelle.

Nous n'avons pas encore des nouvelles de ces voyageurs, qui semblaient, du reste, étant donnés leurs antécédents, plus disposés à ajouter une aventure à celles qu'ils avaient déjà courues, qu'à s'installer en défricheurs et en cultivateurs stables.

Les Anglais étaient : le capitaine Barchard, qui a exploré le Mexique et le Thibet ; M. H.-S. Bosanguet, qui, pendant une période de six ans, a voyagé dans l'Afrique du Sud ; M. W. Olingsby Godfrey, qui est célèbre parmi les joueurs de foot-ball, et M. H.-J. Cox, des chantiers de construction d'Yarrow.

Parmi les Autrichiens se trouvaient les docteurs Wilhem et Schmidt, membres bien connus du Club alpin, qui ont emporté les appareils nécessaires pour faire l'ascension du mont Kenia, haut de 5,600 mètres, et qui n'a pu être gravi jusqu'ici par l'expédition Teleki que jusqu'à la limite des neiges permanentes.

Dans cette entreprise, je n'aperçois pas de Français. Comment quelque socialiste convaincu ne s'est-il pas joint à cette expédition ?

La foi qui n'agit point, est-ce une foi sincère ?

Sans doute, il y a des groupes communistes qui ont réussi : mais ce n'étaient pas des groupes économiques, c'étaient des groupes religieux ; et ils n'ont prospéré que parce qu'il y avait autour d'eux une société qui contribuait à leur richesse : ils ont supprimé toutes les complexités de la vie qui résultent du mélange des sexes et de la procréation des enfants : et, malgré tout, ils ne sont parvenus à s'accroître et se conserver qu'en appliquant avec plus ou moins de rigueur la règle de la plus puissante de ces communautés, l'obéissance *perinde ac cadaver*.

Si les socialistes ne se hâtent pas de pratiquer la communauté des biens, du moins ils obtiennent un résultat.

Leurs menaces contre la propriété foncière ont pour résultat de la déprécier. Un homme prudent se dit que, prévoyant le danger, il peut réaliser des valeurs mobilières; il peut en placer à l'étranger, de manière à s'assurer contre le risque qui se produirait dans un pays; il peut transmettre de la main à la main des valeurs au porteur à ses héritiers et échapper aux mesures de confiscation dirigées contre les successions.

Les socialistes doivent être contents : ils arrêtent la plus-value de la propriété foncière et ils font des ruines partielles, en attendant l'apothéose de la ruine totale.

CHAPITRE VII

L'évolution et la régression.

I. — Résultats certains des menaces socialistes. — Dépréciation
de la propriété. — La valeur de la propriété et la liberté de la
circulation. — Mauvaise fiscalité. — Nécessité de la concurrence. — Ne pas protéger le propriétaire contre lui-même.
II. — Évolution de la propriété collective vers la propriété individuelle.
III. — Liberté politique et liberté économique. — Concurrence politique sans concurrence économique ? — Suppression de l'une
et de l'autre : la tyrannie.
IV. — L'étape vers la suppression de la concurrence. — Le bonheur
des survivants. — L'union du Fuégien et du Groenlandais. —
Le mystère. — Idées anciennes et besoins nouveaux. — M. Lafargue est le type du parfait réactionnaire. — Le communisme en retour. — Bon voyage ! — Dernière contradiction.

I

Toutes les institutions qui empêchent la circulation
de la propriété foncière sont condamnées par l'histoire
du progrès économique, comme toutes celles qui empêchent la circulation des personnes, des valeurs ou
des marchandises.

La Révolution a commencé à affranchir la propriété
des liens féodaux : c'est son œuvre que nous devons

nous attacher à continuer, en assurant la sécurité de ses titres et la facilité de leur circulation.

Nous ne devons pas essayer de protéger le propriétaire contre lui-même : c'est substituer à sa responsabilité celle de gouvernants et de fonctionnaires irresponsables, souvent incompétents, dont les fautes n'ont pas de sanction.

Si un individu veut vendre, si l'autre achète, l'État n'a qu'un devoir : assurer l'exécution du contrat, en cas de refus de la part d'une des parties.

Si l'un veut emprunter, l'autre prêter, l'État n'a qu'un devoir : assurer l'exécution de la transaction entre les parties.

La valeur de la propriété est d'autant plus grande que sa facilité de circulation est mieux assurée. On achète d'autant plus volontiers un objet qu'on sait qu'on s'en débarrassera plus aisément. Tout acheteur d'un capital fixe[1] croit qu'il en fera un meilleur usage que le vendeur et, par conséquent, lui donne une plus-value.

Si la législation doit faciliter la circulation, le fisc ne doit pas l'entraver : c'est un contresens absurde qui domine tout notre système économique et empêche l'accroissement de la valeur de la propriété. Quand il faut, tous frais comptés, payer 10 pour 100 pour l'achat d'une propriété, on hésite ; si on la revend, voilà le cinquième de son prix absorbé.

L'homme vit pour l'action : il ne se développe que par elle ; il ne vaut que par elle.

---

1. *V.* sur la distinction des capitaux fixes et des capitaux circulants, MENIER, *l'Impôt sur le capital;* sur leur double jeu dans la production, YVES GUYOT, *la Science économique.*

Le progrès n'est pas le repos, c'est l'accroissement de la puissance d'action.

L'homme doit chercher l'application de la loi du moindre effort, non pas pour diminuer sa peine, mais pour augmenter sa force.

M. Lafargue l'assure de son droit à la paresse; nous voulons, nous, lui assurer la liberté du travail.

Toute institution, toute mesure qui a pour résultat de protéger l'individu contre la concurrence, l'atrophie.

Toute mesure qui assure plus de liberté et d'activité à la concurrence est utile au progrès humain.

II

Par leurs affirmations tranchantes, les socialistes sont arrivés à persuader qu'ils avaient reculé les limites de la science sociale; qu'ils avaient découvert des régions inconnues dans l'histoire humaine; qu'ils avaient détruit les lois économiques et découvert un nouveau droit.

Or, tous les faits sont en contradiction avec la thèse historique de M. Lafargue.

Sauf à l'étiage de la civilisation, nulle part nous ne trouvons de communisme absolu.

La notion de la propriété est en raison du développement de l'individualité.

Toutes les institutions établies pour maintenir immuable la propriété ont pour conséquence l'arrêt de développement des individus auxquelles elles s'appliquent. La propriété familiale ne se maintient que par l'autorité de la coutume; c'est la stagnation. Dès que la tradition perd de son autorité, il y a démembrement.

Toute organisation communiste comporte un allotement qui tend à se transformer en propriété individuelle.

Dans les tribus monarchiques, le chef concentre la fortune entre ses mains, qu'elle résulte soit du pillage des voisins, soit de l'exploitation de ses sujets.

Partout, en Égypte, au Mexique, dans l'Inde, à Rome, en Angleterre, en France, le domaine commun a servi à constituer des propriétés privilégiées pour des aristocraties guerrières ou théocratiques.

L'évolution de l'humanité ne s'est pas faite de la propriété individuelle vers la propriété collective. C'est le contraire. La propriété individuelle est d'institution toute récente; et quoique nous sachions que l'humanité ne se développe pas en ligne directe, que son évolution subit souvent des crises, des arrêts et des régressions, je considère qu'il est impossible que la propriété individuelle, à peine déterminée nettement depuis un siècle, en France, soit près de sombrer sous le communisme des civilisations primitives.

En tous cas, notre effort doit être de rechercher, d'étudier et de tâcher d'établir les institutions qui nous préservent de cette catastrophe.

III

Si le progrès s'affirme par la destruction du communisme et par l'établissement de la propriété individuelle, l'histoire nous montre comme corrélatives la liberté politique et la liberté économique.

Nous devons nous efforcer de les dégager de plus en plus des préjugés qui les obscurcissent, les défendre contre tous ceux qui les attaquent, quels que soient leurs mobiles et les noms dont ils s'affublent.

Les socialistes, par leur demande d'intervention constante de l'État dans le contrat d'échange et dans le contrat de travail, réclament la mise en tutelle économique de tous les citoyens; mais s'ils ont ce pouvoir, laisseront-ils la liberté politique? Comment concilieraient-ils ces deux contradictoires?

S'ils sont logiques et s'ils refusent la liberté politique, ils préparent le régime d'une tyrannie pire que celle des Incas.

S'ils sont illogiques et acceptent la liberté politique, comment concilieraient-ils, à la fois, la suppression de la concurrence économique et le maintien de la concurrence politique?

IV

M. Lafargue et les communistes veulent supprimer la concurrence dans l'avenir; mais pour préparer cet avenir, ils font appel à la *struggle for life* sous sa forme la plus brutale et la plus féroce. Ils excitent tous les instincts de rapine, tous les sentiments de haine et d'envie. Criant qu'ils sont le nombre et la force, ils montrent aux foules ignorantes, comme idéal, la guerre sociale et le pillage de « la société capitaliste ». Quand « le rouge drapeau » aura flotté au-dessus d'un nombre indéterminé de massacres et d'incendies, M. Lafargue et ses amis promettent à tous les survivants une tranquille Bétique où le premier des droits sera le droit à la paresse.

Préparés par cette série d'égorgements, les vainqueurs seront doux, tranquilles, bienveillants et n'auront que des sentiments de dévouement et de fraternité pour l'humanité tout entière. La « Société » pourvoira à tout, en mère tendre, juste et prévoyante. Elle donnera au Fuégien et à l'Esquimau qui, grâce à leur misère, auront échappé au massacre, une quote-part de bonheur égale à celle des Parisiens. Par quels procédés ? Mystère. Où siégera la Société ? Partout et nulle part. Pour distribuer ce bonheur, il n'y aura ni gouvernants, ni administrateurs, ni fonctionnaires, ni vendeurs, ni acheteurs, ni transporteurs, ni juges, ni gendarmes, ni police, rien ! et cela suffira !

« Mais comment ?

— Croyez ; car c'est un mystère. »

Les chefs socialistes ont raison. Leur clientèle est celle des pèlerins de la Mecque ou de Lourdes, toujours en quête du miracle.

Ces gens avancés rappellent par leurs procédés certaines organisations féroces dont voici un type.

Hamdam, surnommé Karmath parce qu'il avait les yeux rouges, accapara la secte des Ismaéliens, dispensant ses fidèles de toutes les obligations imposées par Mahomet, le jeûne, la prière, l'aumône, et proclama la communauté des biens et des femmes ; exaspérant toutes les passions, il appela à lui tous ceux qui avaient des haines à assouvir et des appétits comprimés à satisfaire. Il recruta des pauvres et des esclaves, les lança au pillage des caravanes, les conduisit jusqu'à la Mecque, dont ils s'emparèrent et où ils détruisirent la Caaba, comblèrent le puits de Zamzam et enlevèrent la Pierre noire.

C'est à cette secte qu'appartenaient les « assassins », appelés ainsi par corruption du mot « assissins », buveurs de haschich, organisés par Hassan-Sabbah, à la fois ennemi des chrétiens et des musulmans.

Tout y est : l'appel aux haines, à la rapine, l'enivrement mystique, éclatant dans des insurrections, comme les Journées de juin et la Commune, ou dans des crimes individuels comme ceux de Ravachol et de Caserio.

A cette conception ignorante, immorale et barbare, j'oppose la conception du progrès basé sur la science, la production et l'échange.

Le grand danger de toutes les civilisations est que des idées anciennes ne l'emportent sur des besoins nouveaux. Socialistes et protectionnistes s'efforcent de faire prédominer les idées les plus opposées aux conditions caractéristiques de l'évolution humaine. Leur idéal est l'immobilisation des choses et des personnes par une autorité aussi tyrannique que l'étendue de ses attributions est peu précise.

M. Paul Lafargue est le plus parfait des réactionnaires. Il s'intitule révolutionnaire, mais il a contre la Révolution de 89 la haine rancuneuse d'un émigré qu'elle aurait dépouillé de ses titres et de ses droits féodaux ; et si cet aristocrate déchu voue la société actuelle au « chambardement », c'est afin de nous ramener au communisme « en retour » des Fuégiens et des Australiens.

J'attendrai probablement toujours le moment où je pourrai dire à M. Lafargue, partant pour aller en goûter expérimentalement les joies : « Bon voyage ! »

Quoi qu'il en dise après Vico, l'histoire ne se recommence jamais, parce que, dans les faits humains, il y a toujours de nouveaux facteurs. Il parle du progrès en spirale : où l'a-t-il vu ?

Or, qu'est-ce que l'évolution dont rabâchent si volontiers nos socialistes, sans connaître la valeur ni le caractère de ce mot? Elle signifie l'ensemble des qualités
acquises par l'humanité depuis son apparition et trans-
mises en s'accumulant à travers les séries de générations.

Mais, selon des expériences biologiques célèbres, notre organisme parcourt certaines des phases des types
inférieurs au moment de son développement et a une
tendance au retour vers le type des ancêtres.

Nous sommes soumis à l'atavisme social comme à
l'atavisme physiologique.

La reprise du passé sur nous est beaucoup plus facile
que le progrès. Nous le savons par l'exemple de ce
Fuégien qui, élevé en Angleterre, débarque en souliers
vernis à la Terre de Feu, et au bout de quelques semai-
nes avait repris les mœurs de ses misérables compa-
triotes. Nous le savons par de trop nombreux exemples
de jeunes gens exotiques élevés dans nos écoles, ayant
vécu de nos mœurs pendant plusieurs années, et, de retour dans leur pays d'origine, non seulement frappés
d'arrêt de développement, mais ramenés au type de
civilisation qu'ils devaient transformer.

Que, par conséquent, des hommes s'annonçant comme
réformateurs et prophètes, avec de l'aplomb dans l'attitude, de l'audace dans les assertions, la promesse facile, la main largement ouverte vers l'avenir, le geste
du semeur décrochant les étoiles, viennent proposer,
comme un idéal de l'âge d'or devant nous, le retour
vers un âge primitif, il est naturel, en vertu de la loi
de l'évolution, qu'immédiatement quantité de gens se
retournent vers cet idéal du passé, si misérable, si

odieux, si choquant que nous le connaissions, et considèrent une régression comme un progrès.

Cependant, M. Lafargue et ses séides savent si bien qu'ils ne nous ramèneront pas à la barbarie par persuasion, qu'ils placent leur espoir dans « le rouge drapeau » et « les moyens que la science met à la portée de ceux qui ont quelque chose à détruire ». Mais alors pourquoi essayer des démonstrations du genre de celle que vient de tenter M. Lafargue ? Elles provoquent l'étude et la discussion. Imprudent, vous nous demandez de nous décider, après lecture et réflexion, à adopter un régime d'où serait bannie toute décision personnelle ; et par cela même, vous nous donnez une conscience plus nette de cette individualité que vous voulez détruire !

FIN

TABLE DES MATIÈRES

INTRODUCTION

LIVRE PREMIER

CHAPITRE PREMIER
Définition du capital et de la propriété.

CHAPITRE II
L'âge d'or communiste.

CHAPITRE III
La propriété et le progrès.

CHAPITRE X

Démembrement de la propriété commune.

CHAPITRE XI

L'immobilisation familiale.

CHAPITRE XII

La propriété de la « gens ».

CHAPITRE XVI

La thèse communiste et les faits. +

LIVRE DEUXIÈME
La propriété et le régime féodal.

CHAPITRE PREMIER
Troubadourisme collectiviste.

CHAPITRE II
Les origines du régime féodal.

CHAPITRE III
Le régime féodal.

LIVRE TROISIÈME
La propriété et la Révolution de 89.

LIVRE QUATRIÈME
La situation et l'avenir de la propriété foncière.

CHAPITRE PREMIER
La répartition de la propriété foncière en France.

CHAPITRE II
Les adversaires de la propriété.

CHAPITRE III
Du droit de propriété.

Antagonisme du communisme et du patriotisme. — Si un individu ne peut être propriétaire, un peuple ne peut être propriétaire de son territoire. — Retour à la théorie de

CHAPITRE VII
L'évolution et la régression.

ORIGINE
ET ÉVOLUTION
DE LA PROPRIÉTÉ

PAR

PAUL LAFARGUE

PARIS
LIBRAIRIE CH. DELAGRAVE
15, RUE SOUFFLOT, 15

1895

LA PROPRIÉTÉ

ORIGINE ET ÉVOLUTION

CHAPITRE PREMIER

LES FORMES DE LA PROPRIÉTÉ CONTEMPORAINE

I

Classification des formes de la propriété.

La propriété, au dire des économistes, est un phénomène social soustrait à la loi d'évolution qui gouverne
le monde matériel et intellectuel. Ne lui reconnaissant
qu'une forme unique et immuable, la forme *capital*[1],

[1]. Les philosophes de l'école cartésienne recommandaient de
commencer toute discussion par la définition des termes du débat;
avant donc d'aller plus loin, fixons le sens exact du mot capital.

Par *capital* on entend toute propriété qui rapporte intérêts,
rentes, bénéfices ou profits. Est capital une somme d'argent
prêtée à intérêt; est également capital un instrument de travail
quelconque (terre, métier à tisser, usine métallurgique, navire,
etc.), mis en valeur non par son propriétaire, mais par des salariés. Mais le champ que cultive le paysan propriétaire avec l'aide
de sa famille, le fusil du braconnier, la barque du pêcheur, le
rabot du menuisier, le bistouri du chirurgien, la plume de l'écrivain, etc., bien qu'ils soient des propriétés, ne sont pas du *capi-*

ces défenseurs patentés des iniquités sociales affirment
que le capital est de toute éternité, et, afin de bien établir
son immortalité, ils s'évertuent à prouver qu'il existe
depuis que le monde est monde, et concluent triom-
phalement que, n'ayant pas eu de commencement, il
ne saurait avoir de fin. Pour soutenir cette étonnante
assertion, les manuels d'économie politique répètent,
comme des perroquets, l'histoire du sauvage qui prête
son arc à un confrère en sauvagerie, sous condition
de partager sa chasse. Non satisfaits de cette origine
préhistorique, des économistes font remonter la propriété capitaliste par delà l'espèce humaine; ils la
découvrent chez les invertébrés, parce que la prévoyante fourmi amasse des provisions : c'est pitié
qu'ils se soient arrêtés en si beau chemin et n'aient pas
compris que cet insecte n'emmagasine que pour vendre
et réaliser des profits par la circulation des marchandises.

Il y a une lacune dans cette peu réjouissante théorie
du capital éternel : on a négligé de démontrer que le mot
capital est lui aussi de toute éternité. Toute corde dans
un navire, à l'exception de celle de la cloche, a un nom;
il est impossible d'admettre que l'homme n'aurait pas
eu la même richesse linguistique dans le monde économique et aurait poussé la négligence jusqu'à ne pas
donner de nom à une chose aussi utile que le capital :

tal, ou des propriétés à forme capitaliste, parce que leurs possesseurs les utilisent eux-mêmes, au lieu de les employer à faire
travailler d'autres personnes.

Qui dit capital dit propriété mise en valeur par des salariés,
produisant des marchandises et rapportant des profits au propriétaire. L'idée de profits sans travail est collée au mot capital,
comme une robe de Nessus.

cependant il est certain que le mot capital, dans le sens spécial usité de nos jours, ne date que du XVIIIe siècle, ainsi que le mot *philanthropie,* qui désigne une des formes d'hypocrisie propre au régime capitaliste, car c'est à cette époque que la forme capital de la propriété commence à marquer sa prépondérance dans la société[1]. Cette prédominance sociale de la forme capital sur la forme féodale de la propriété amena la révolution française, qui, si elle est un des plus considérables événements de l'histoire moderne, n'est en définitive qu'une révolution faite dans le seul intérêt de la classe capitaliste, avec toutes les réclames libertaires, fraternitaires, égalitaires, justiciardes et patriotardes, que l'on devait reproduire dans les prospectus et les programmes des lanceurs de spéculations financières et politiques[2].

1. La Curne de Sainte-Palaye mentionne le mot capital comme adjectif servant à qualifier certaines tailles; comme substantif on l'emploie pour désigner des parties d'un bâtiment et d'un costume. (*Dictionnaire de l'ancien langage françois* depuis son origine jusqu'à Louis XIV.) Littré le rencontre comme adjectif dans des textes du XIIe siècle; sa citation la plus ancienne, où il figure comme substantif, remonte au XVIe siècle. Dans le Dictionnaire de Richelet (1728), le mot est cité comme adjectif et n'a que deux ou trois emplois comme substantif; il en est de même dans le Dictionnaire de Trévoux (1771). Il faut arriver à l'*Encyclopédie* de Diderot pour lui trouver une valeur économique : « *Capital* se dit de la somme qu'on doit rembourser indépendamment des intérêts. — Se dit aussi du fonds d'une compagnie. »

2. A l'époque de la Révolution, le capitaliste était un animal d'élevage social encore si récent, que Sébastien Mercier, dans son dictionnaire de mots nouvellement introduits, paru en 1802, accompagnait le mot capitaliste de cette curieuse définition :

« *Capitaliste :* ce n'est guère connu qu'à Paris. Il désigne un monstre de fortune, un homme au cœur d'airain, qui n'a que des affections métalliques. Parle-t-on de l'impôt territorial, il s'en moque : il ne possède pas un pouce de terre; comment le

La forme de propriété correspondant au mot capital ne commence à prendre une importance sociale qu'à
la suite de la production marchande, qui fut le cou-
ronnement du mouvement économique et politique dont
était travaillée l'Europe depuis le xii⁰ siècle et que hâtèrent la découverte de l'Amérique et de la route des
Indes par le doublement du cap de Bonne-Espérance,
l'importation des métaux précieux du nouveau monde,
l'invention de la poudre à canon, de l'imprimerie et de
la boussole, la prise de Constantinople, les alliances
des familles souveraines, l'organisation des grands
États européens et la pacification relative et générale
qui en fut la conséquence... Toutes ces causes réunies,
et d'autres de moindre influence, développèrent le Capital, la forme la plus perfectionnée de la propriété privée, et, peut-on ajouter, la dernière.

L'apparition relativement récente de la forme capital est la meilleure preuve que la propriété n'est pas
restée immuable, toujours identique à elle-même, mais
qu'au contraire, de même que tous les phénomènes d'ordre matériel et intellectuel, elle évolue, et elle passe
par une série de formes différentes, découlant les unes
des autres.

La propriété est si peu identique à elle-même que
dans la société contemporaine elle affecte diverses
formes et sous-formes.

taxera-t-on ? Ainsi que les Arabes du désert qui viennent de
piller une caravane, enterrent leur or de peur que d'autres ne
surviennent, c'est ainsi que les capitalistes ont enfoui notre
argent. »

<table>
<tr><td>I. — FORMES COMMUNES DE LA PROPRIÉTÉ.</td><td>{</td><td>a) — Propriété commune d'origine antique : biens communaux, domaniaux, etc., qui depuis des siècles subissent l'assaut des convoitises de la noblesse et de la bourgeoisie.

b) — Propriété commune d'origine moderne, administrée par l'État sous le nom de services publics : postes, chemins de fer, musées, Bibliothèques nationales, etc.</td></tr>
<tr><td>II. — FORMES PRIVÉES DE LA PROPRIÉTÉ.</td><td>{</td><td>c) — Propriété d'appropriation individuelle.

d) — Propriété-instrument du travail.

e) — Propriété-capital.</td></tr>
</table>

II

Propriété d'appropriation individuelle.

La propriété d'appropriation personnelle ou individuelle est la plus primitive forme de propriété ; elle a toujours existé et existera toujours, car elle est la condition même de la vie : susceptible d'une grande extension, elle commence aux aliments que l'homme prend pour réparer ses forces et s'étend jusqu'aux bijoux dont il se pare. La maison était autrefois comprise dans ce genre de propriété ; l'homme possédait sa demeure, comme la tortue sa carapace. Si, par l'application des machines à l'industrie, la civilisation peut mettre à la portée des petites bourses nombre d'objets de luxe que les riches seuls pouvaient autrefois se procurer, elle a dépouillé la grande majorité des citoyens de leur maison, les a obligés à vivre dans des appartements loués et des chambres meublées ; et, au milieu d'une abondance sans précédent, elle réduit le producteur au plus strict minimum de propriété d'appropriation personnelle.

◦ La civilisation capitaliste condamne le prolétaire à végéter dans des conditions de vie inférieures à celles des sauvages. Laissant de côté le fait capital que le sauvage ne travaille pas pour enrichir des parasites, pour ne considérer que sa nourriture, il est indiscutable que les barbares qui peuplaient l'Europe dans les premiers siècles de notre ère, possédant de nombreux troupeaux de porcs et d'autres bestiaux et ayant la précieuse ressource de la chasse dans des forêts giboyeuses et de la pêche dans des rivières poissonneuses, s'ils étaient imparfaitement couverts de peaux de bêtes et de sayons grossièrement tissés, consommaient plus de nourriture animale que les prolétaires de la civilisation, dont les vêtements de cotons et de laines falsifiés, supérieurement tissés par des machines perfectionnées, les garantissent très imparfaitement contre l'intempérie des saisons. La situation du prolétaire est d'autant plus inférieure que son organisme n'est ni aussi robuste ni aussi endurci aux inclémences de l'atmosphère que le corps du barbare.

Le bourgeois croit qu'il réalise l'idéal de l'humanité ; ses philosophes, libres penseurs et religieux, s'entendent pour représenter cet être étriqué ou empâté de graisse malsaine et accablé de plus de maux encore que de vices, comme le dernier effort de l'évolution humaine[1] ; mais tout observateur impartial doit reconnaître l'infériorité corporelle et intellectuelle des civilisés, en tenant compte des exceptions bien entendu, et la nécessité d'une éducation savante, commencée dès le berceau, prolongée la vie durant et poursuivie pendant plusieurs générations pour redoter l'être humain de la vigueur des muscles et de la perfection des sens des barbares[2].

1. Un évolutionniste américain, concluant de la quantité et de la précocité de têtes sans cheveux et de bouches sans dents observées dans la classe bourgeoise, qui, d'après la théorie darwinienne, est la classe perfectionnée par la concurrence vitale, prédit une humanité chauve et édentée : cela arriverait si la civilisation capitaliste durait.

2. César, à qui les admirateurs extravagants de la civilisation capitaliste ne sauraient refuser quelque talent d'observation, ne se lassait d'admirer la force et l'habileté aux exercices militaires de ces barbares germains, qui combattaient ses soldats cuirassés et casqués, la tête et le corps nus et qu'il n'osait poursuivre après les avoir vaincus. — Durant la septième campagne, la seule glorieuse pour l'armée romaine, d'après Napoléon Ier, afin de vaincre la résistance héroïque des Gaulois commandés par Vercingétorix, il envoya recruter des guerriers au delà du Rhin, et il fit mettre à pied des officiers et même des chevaliers pour leur donner des chevaux : bien lui en prit. Deux fois, devant Novidionum et Alesia, la cavalerie germaine, alors que les cohortes romaines lâchaient pied, rétablit le combat et culbuta les Gaulois. Plus d'un siècle plus tard, Civilis, pour exciter les Gaulois et les Germains à la révolte, leur rappelait que César n'avait pu vaincre la Gaule qu'avec l'aide des guerriers germains.

Morgan, un des rares anthropologistes qui ne partagent pas l'imbécile mépris du philistin pour les peuples non civilisés, considère « que les progrès réalisés pendant la période sauvage et barbare sont peut-être supérieurs en importance à ceux accomplis pendant la civilisation ».

Les sauvages et les barbares transplantés dans la civilisation capitaliste font triste figure : ils perdent leurs qualités et contractent avec une effrayante facilité les vices des civilisés ; mais l'histoire des Égyptiens et des Grecs montre à quel merveilleux degré de développement matériel et intellectuel peut parvenir

Le producteur moderne n'est réduit au minimum d'objets d'appropriation personnelle, strictement nécessaire à la satisfaction de ses besoins les plus impérieux, que parce que les capitalistes en possèdent de quoi rassasier leurs plus excessives fantaisies. Ils auraient cinquante têtes et cent pieds, comme les Hécatonchires de la mythologie grecque, qu'ils ne suffiraient pas à remplir les chapeaux et les souliers qui encombrent leurs garde-robes; les riches se désespèrent de ne pouvoir élargir leur capacité stomacale pour engloutonner les victuailles qui surchargent leurs tables : ils ressemblent à ces sultans écervelés qui peuplent leur sérail comme s'ils avaient la force d'une dizaine d'Hercules pour en jouir. Si les prolétaires souffrent du manque de propriété d'appropriation personnelle, les capitalistes finissent par être les martyrs de son abondance. L'ennui qui les accable et les maladies qui les torturent, abâtardissant et éteignant leur race décadente, sont les inévitables conséquences de la surabondance dans laquelle ils vivent. Les moralistes emploieraient mieux leur temps à prêcher aux bourgeois les vertus de l'abstinence, que de rabâcher aux prolétaires les préceptes de leur triste morale de l'épargne.

III

Propriété-instrument de travail.

L'homme, selon l'expression de Franklin, est un *toolmaking animal*, — un animal fabriquant des outils : — en

un peuple barbare placé dans de bonnes conditions et évoluant librement.

effet, l'outil le distingue des animaux, ses ancêtres. Des singes se servent de bâtons et de pierres, mais l'homme est le seul animal qui ait travaillé le silex pour s'en faire une arme et un outil : aussi la découverte d'une pierre taillée dans une caverne ou dans une couche géologique, révèle la présence de l'homme aussi certainement que des ossements humains.

L'instrument de travail — couteau de silex du sauvage, varlope du charpentier, microscope du physiologiste, ou champ du paysan — est une annexe aux organes de l'homme pour lui faciliter la satisfaction de ses besoins matériels et intellectuels.

Tant que dure la petite industrie manuelle, le producteur libre possède son instrument de travail : au moyen âge, le compagnon voyageait avec son sac d'outils, comme de nos jours le chirurgien avec sa trousse. Le paysan, avant même la constitution de la propriété privée du sol, possédait temporairement le lot de terres qui lui était échu lors des partages agraires ; durant les temps féodaux, le serf était si étroitement attaché au champ qu'il cultivait, qu'il n'en pouvait être détaché.

Il existe encore des traces nombreuses de cette propriété personnelle de l'instrument de travail, mais elle est en train de disparaître rapidement : dans toutes les industries touchées par la mécanique, l'outil est arraché des mains de l'artisan pour être incorporé à la machine, qui n'est plus un instrument individuel, mais un instrument collectif, et qui par conséquent ne peut plus appartenir individuellement au producteur. La civilisation capitaliste dépossède l'homme de son annexe instrumentale, et cette dépossession a débuté historiquement par l'expropriation du premier instrument perfectionné, par l'enlèvement des armes. Le sauvage possède son arc et ses flèches, qui sont en même temps ses armes et ses outils, le soldat est le premier prolétaire qui ait été dépouillé de ses armes, qui sont ses outils, lesquels appartiennent à l'État qui l'enrégimente.

La civilisation capitaliste a réduit au plus strict minimum la propriété d'appropriation personnelle; elle ne peut guère aller au delà sans mettre en péril la vie du producteur, sa poule aux œufs d'or; elle tend à le déposséder absolument de la propriété-instrument de travail : pour une partie de la classe ouvrière d'Europe, cette dépossession est déjà un fait accompli.

IV

Propriété-capital.

Le capital est la forme de propriété caractéristique de la société moderne; il n'a existé dans aucune autre société, du moins à l'état de fait général et dominant.

La condition essentielle de cette forme de propriété est l'exploitation du producteur libre, dépouillé quotidiennement d'une partie des valeurs qu'il crée : Karl Marx l'a démontré d'une manière irréfutable. L'existence du capital repose sur la production marchande, sur une forme de production dans laquelle le travailleur produit non en vue de sa consommation ou de celle de son seigneur féodal et de son maître esclavagiste, mais en vue du marché. Dans d'autres sociétés on a vendu et acheté, mais ce n'était que le surplus de la consommation qui était échangé; dans ces sociétés on exploitait le producteur, serf ou esclave, mais le pro-

priétaire était tenu à de certains devoirs envers lui :
ainsi le maître d'esclave nourrissait sa bête de somme
humaine, alors même qu'elle chômait; le capitaliste est
débarrassé de cette charge, portée au compte du producteur libre. Le bon cœur de Plutarque s'indigne contre Caton, l'affreux moraliste, parce qu'il vendait les esclaves vieillis à son service; que dirait-il de ce qui se
passe de nos jours? Il n'y a pas de capitaliste, chrétien,
libre penseur, antisémite ou philanthrope, qui n'envoie crever de faim dans la rue le prolétaire qui l'a em-
millionné. La bourgeoisie, bien qu'elle se pose bruyam-
ment en champion de la liberté humaine, pour avoir
affranchi le serf et l'esclave, ne cherche pas à atteindre
l'émancipation du producteur, mais à libérer le capitaliste de toute obligation envers le travailleur. C'est
seulement quand la forme capital de la propriété se
réalise, que le propriétaire peut exercer dans toute sa
rigueur le *droit d'user et d'abuser*.

*
* *

Telles sont les formes de propriété existantes dans
la société contemporaine : une observation même su-
perficielle montre que ces formes ne sont pas immua-
bles, mais qu'au contraire elles sont dans un état de
transformation continuelle. Par exemple, tandis que la
propriété commune d'origine antique disparaît devant
les envahissements de la propriété privée, la propriété
privée capitaliste se transforme en propriété commune
sous l'administration de l'État; mais avant de parvenir
à cette forme ultime, le capital exproprie le producteur de son outil individuel et crée l'instrument de tra-

vail collectif. Après avoir constaté dans le présent cette évolution des formes de la propriété, c'est faire bon marché de son intelligence que d'affirmer que dans le passé la propriété est toujours restée identique à elle-même et qu'elle n'a pas traversé une série de formes avant de revêtir celle du capital, destinée à son tour à disparaître et à être remplacée par de nouvelles formes.

Je crois utile, avant d'aborder la description des formes d'évolution de la propriété, de dire quelques mots sur la méthode employée dans cet essai de reconstitution historique.

V

Méthode.

Tous les hommes, sans distinction de race, traversent, de leur naissance à leur mort, les mêmes phases d'évolution ; ils subissent, à des âges variant dans d'étroites limites selon les climats, les mêmes crises de dentition, de nubilité, de croissance et de décroissance : les sociétés humaines passent également par les mêmes formes familiales et par les mêmes institutions sociales, religieuses et politiques, et par les mœurs et les idées philosophiques correspondantes. Vico, qui a été appelé « le père de la philosophie de l'histoire », le premier entrevit cette grande loi de l'évolution historique : dans sa *Scienza nuova*, il parle « d'une histoire idéale, éternelle, que parcourent dans le temps les histoires de toutes les nations, de quelque état de sauvagerie, de férocité et de bestialité que partent les hommes pour

se domestiquer[1]. » Karl Marx, qui, en reliant les phénomènes du monde politique et du monde intellectuel aux
phénomènes du monde économique, a renouvelé la conception de l'histoire, confirme la loi de Vico, quand il
dit, dans la préface du *Capital*, que « le pays le plus
développé industriellement ne fait que montrer à ceux
qui le suivent sur l'échelle industrielle l'image de leur
propre avenir ».

Si on connaissait l'histoire d'un peuple de l'état sauvage à l'état civilisé, on posséderait cette histoire type
de tous les peuples qui ont habité la terre ; mais il est
impossible de suivre successivement toutes les étapes
parcourues par une nation quelconque. Si on ne peut
tailler cette histoire toute d'une pièce dans la vie d'un
peuple ou d'une race, on peut la bâtir en rapportant et
en cousant ensemble les faits connus sur les différents
peuples du globe[2]. En procédant de la sorte, l'humanité,
à mesure qu'elle vieillit, parvient à connaître son enfance.

Les mœurs des ancêtres des peuples civilisés revivent dans celles des peuples sauvages que la civilisation n'a pas encore détruits. Les coutumes, les institutions sociales et politiques, les religions et les idées des
sauvages et des barbares permettent à l'historien d'évo-

---

1. « Una istoria ideal, eterna, sopra la quale corrono in tempo
le storie di tutti le nazioni : ch'ovumque da tempi selvaggi,
feroci é fieri comminciano gli uomini ad addimesticarsi. » (*Principi di Scienza nuova* ; *De principi* ; lib. II, sect. v ; Milano, 1837.)

2. Dans les pages qui suivent, le lecteur trouvera des faits recueillis dans l'ancien et le nouveau monde et réunis dans l'intention de
prouver que les mêmes phénomènes se reproduisent chez tous les
peuples, quels que soient la diversité de leur origine et le degré de
leur culture ultérieure.

quer un passé que l'on croyait absolument enseveli dans l'oubli. En s'adressant aux peuples primitifs, on peut retrouver les origines de la propriété ; en glanant des faits dans le globe entier, on arrive à suivre les phases d'évolution de la propriété.

CHAPITRE II

LE COMMUNISME PRIMITIF

I

Origine de la propriété individuelle.

Les économistes ne dotent si libéralement le sauvage de capital, que parce qu'ils sont dans une commode ignorance de ses coutumes et de celles des peuples primitifs.

Il existe encore aujourd'hui des sauvages qui n'ont aucune notion de propriété foncière, soit individuelle, soit collective, et qui sont à peine parvenus à la possession individuelle des objets d'appropriation personnelle : Fison et Howitt, les judicieux observateurs de la vie intime des tribus australiennes, disent que chez certaines peuplades les objets les plus personnels, tels que armes, ornements, etc., passent si rapidement de mains en mains entre les individus d'un même groupe, qu'on ne doit pas les considérer comme des propriétés individuelles, mais comme des propriétés communes de tous ses membres.

La propriété individuelle ou personnelle fait son apparition d'abord sous une forme idéale : avant de rien posséder matériellement, le sauvage, qui est plus idéaliste qu'on ne pense, possède son nom, qui lui est donné à sa puberté dans une cérémonie religieuse, dont le baptême catholique nous préserve le souvenir. Il tient à ce nom, comme au plus précieux des biens; il ne le révèle pas aux étrangers, de peur qu'on ne le prenne; et quand il veut témoigner son affection par un inestimable présent, il l'échange contre celui de son ami. Même cette propriété personnelle ne lui appartient pas absolument; Morgan nous apprend que le nom appartenait à la *gens*, et qu'il lui revenait à la mort de l'ami à qui on l'avait cédé[1].

La propriété individuelle n'apparaît sous une forme matérielle que pour les objets attachés à la personne

[1]. Le sauvage et le barbare spiritualisent tout : l'âme spirituelle, cette ennuyeuse idée, dit Engels, qui a tant tourmenté l'homme, est une de leurs inventions. Les mots ont pour eux une existence, ils sont pour ainsi dire l'âme des objets qu'ils désignent. L'incarnation chrétienne du Verbe est là reproduction d'une idée de sauvage. De même que l'esprit de l'homme, séparé du corps après la mort, et même de son vivant pendant le sommeil, peut exercer des vengeances et punir ses ennemis, de même les mots possèdent une redoutable puissance pour le bien et le mal : aussi les paroles de malédiction jettent les hommes primitifs dans une terreur superstitieuse.

Dans le cours de cette étude, je me servirai, ainsi que l'ont fait Morgan et Engels, du mot *gens* de préférence à son synonyme celtique *clan*, parce que le mot *gens* a une plus grande extension historique, ainsi que le démontrent son origine et ses nombreux dérivés. — Le mot latin *gens*, que Morgan emploie pour désigner les groupes consanguins qui forment une tribu, dérive, ainsi que le mot grec de même signification, *genos*, de la racine aryenne *gan*, qui signifie engendrer. *Gens* et *genos* s'emploient spécialement pour le groupe qui se vante d'une descendance commune; d'où le latin *gentilis*, homme de la *gens*, et le français *gentilhomme*.

du sauvage, ou même positivement incorporés dans
son individu, tels que ornements passés dans le nez,
les oreilles ou les lèvres, peaux de bêtes nouées autour
du cou, graisse humaine pour frotter les rhumatismes,
pierre cristalline, supposée excrément de la Divinité,
et autres précieuses reliques contenues dans un cabas
d'écorce et appendues à la personne de son possesseur.
Ces objets personnellement appropriés ne le quittent
même pas à sa mort; ils sont brûlés ou enterrés avec
son cadavre. Pour qu'un objet devienne propriété individuelle, il faut qu'il soit incorporé réellement ou fictivement. Le sauvage, pour indiquer qu'il désire que l'on
considère qu'un objet lui appartient, doit faire simu-
lacre de le manger en le portant à sa bouche, en y
appliquant la langue et en le léchant : un Esquimau,
après avoir acheté la moindre chose, même une aiguille,
l'applique à ses lèvres, ou il lui fait subir la consécration d'un acte symbolique, indiquant le désir de la garder pour son usage personnel : c'est l'origine du *tabou*.

L'usage est une condition essentielle de l'appropriation personnelle. Même les objets manufacturés par
l'individu ne sont considérés comme lui appartenant
que s'il s'en sert, que s'il les consacre par l'usage : l'Esquimau ne possède en propre que deux canots; s'il en
fabrique un troisième, il est à la disposition de sa *gens*;
ce dont on ne se sert pas tombe dans la propriété commune. Un sauvage ne se croit pas responsable du ca-
not ou de tout autre instrument de pêche et de chasse
emprunté, et ne songe pas à le restituer s'il vient à le
perdre.

II

Communisme de la « gens ».

L'homme primitif ne peut parvenir à l'idée de propriété individuelle, par l'excellente raison qu'il n'a pas conscience de son individualité, en tant que personne distincte du groupe consanguin dans lequel il vit. Le sauvage est assailli de tant de dangers réels et tourmenté de tant de craintes imaginaires qu'il ne peut exister à l'état isolé ; il ne peut même en concevoir l'idée. L'expulser de sa *gens*, de sa horde, équivaut à le condamner à la peine de mort : chez les Grecs et les Sémites préhistoriques, ainsi que chez tous les barbares, le meurtre commis sur un des membres de la tribu n'était puni que par l'exil. Oreste, après l'assassinat de sa mère, et Caïn, après celui de son frère, durent simplement quitter le pays. Dans des civilisations très avancées, comme celles de la Grèce et de l'Italie historiques, l'exil demeure encore la peine la plus redoutée. « L'exilé, dit le poète grec Théognis, n'a pas d'amis ni de compagnons fidèles : c'est ce qu'il y a de plus dur dans l'exil. » Être séparé des siens, mener une existence solitaire, épouvante l'homme primitif, habitué à vivre en troupeau.

Bien que les sauvages, étant donné le milieu dans lequel ils évoluent, soient des êtres complets, plus complets que les civilisés, puisqu'ils sont capables de pourvoir à tous leurs besoins, ils sont tellement identifiés avec leurs hordes et leur *gens*, que leur individualité ne s'objective pas ni dans la propriété individuelle ni dans ce que nous entendons par le mot famille. Chez les plus primitifs qu'on ait observés, il n'existe aucune forme de famille : les femmes d'une *gens* sont communes aux hommes d'une autre *gens;* les enfants appartiennent à toute la *gens,* ainsi que le désire Platon dans sa République utopique; ils se considèrent comme sœurs et frères, et nomment mères leur propre mère. et les femmes de la même génération. La *gens* est tout; ils ne connaissent rien en dehors d'elle; c'est elle qui se marie, c'est elle encore qui est propriétaire.

Tout est à tous dans le sein de la *gens :* le Boshiman qui reçoit un présent le distribue entre les membres de sa gens; Darwin a vu un Fuégien partager une couverture qu'on lui avait donnée en autant de pièces qu'il avait de compagnons; le Boshiman qui parvient à enlever un bœuf ou tout autre objet divise pareillement son butin, ne s'en réservant souvent que la plus petite part. En temps de disette, les jeunes Fuégiens parcourent le rivage; et quand ils ont la chance de tomber sur une baleine échouée, leur plus appétissant régal, ils n'y touchent pas, bien que mourant de faim, mais retournent prévenir les membres de leur *gens,* qui accourent en toute hâte : le plus âgé divise en parts égales le cadavre du cétacé. Chez des sauvages plus développés que les Boshiman et les Fuégiens, le produit de la chasse n'appartient pas à l'individu qui a abattu le gibier, mais à la famille de sa femme et parfois à sa propre famille, et le partage se fait d'après des règles minutieuses, selon le degré de parenté.

La chasse et la pêche, ces deux premiers modes de production, se font d'ordinaire en commun, et le produit est consommé en commun. Les Botocudos, ces indomptables tribus du Brésil, organisent en commun leurs battues et ne quittent l'endroit où la bête est tombée qu'après l'avoir dévorée. Les tribus où la chasse en commun est sortie de la coutume, conservent dans leurs mœurs l'ancien mode de consommation en commun : l'heureux chasseur réunit en un festin les membres de sa *gens* pour manger son gibier. Dans certains villages du Caucase, quand une famille tue un bœuf ou une dizaine de moutons, toute la population est en fête : on boit et on mange ensemble en souvenir des morts de l'année. Le repas mortuaire est un souvenir de ces banquets communistes.

Morgan, qui, dans son dernier et important ouvrage, a étudié les mœurs communistes de cette époque, décrit les chasses et les pêches en commun des Peaux-Rouges de l'Amérique du Nord[1] : Les tribus de la plaine, qui subsistent presque exclusivement de nourriture animale, montrent dans la chasse leur communisme. Les Pieds-Noirs, pendant la durée de la chasse au buffalo, suivent à cheval le troupeau en grande troupe, hommes, femmes et enfants. Quand la poursuite active du troupeau commence, les chasseurs abandonnent les bêtes tuées, qui sont appropriées par les premières personnes qui viennent derrière eux : cette méthode de distribution continue jusqu'à ce que tout le monde soit pourvu... Ils dépècent les buffalos en lanières, les sèchent au soleil ou dans la fumée. D'autres font avec une partie de la chasse du *pemmican :* la viande desséchée et pulvérisée est mélangée avec la graisse et roulée dans la peau de l'animal. — Durant

---

1. LEWIS, H. MORGAN, *House and house life of the American aborigenes;* Washington, 1881.

la saison de la pêche dans la rivière la Columbie, où le
poisson abonde, tous les membres de la tribu cam-
pent ensemble et mettent en commun le poisson pris.
Chaque soir le partage se fait d'après le nombre des
femmes, chacune recevant une part égale... Les pois-
sons sont fendus, séchés sur des claies, empaquetés
dans des paniers et transportés au village.

III

Habitations et repas communs.

Quand les sauvages cessent d'errer le long des rivages de la mer et des fleuves en quête de la nourriture
fournie spontanément par la nature et qu'ils s'arrêtent
et construisent des demeures, la maison n'est pas individuelle, mais commune à toute la *gens,* et reste commune
alors même que la famille commence à s'individualiser
sous la forme matriarcale; elle abrite alors jusqu'à plusieurs centaines de personnes : chez les Haidah de
l'île de la reine Caroline, des ménages de plus de
sept cents membres vivaient sous le même toit.

On peut citer, comme type de ces habitations communes, celles que La Pérouse rencontra en Polynésie,
longues de 310 pieds, larges de 20 à 30 et hautes de 10,
affectant la forme d'une pirogue renversée, ouvertes
aux deux extrémités et abritant plus de cent individus. Les *long houses* (longues maisons) des Iroquois,
qui, d'après Morgan, disparurent à la fin du siècle dernier, avaient plus de 100 pieds de long, sur 30 de
large et 20 de haut : un couloir les traversait dans
toute leur longueur, sur lequel s'ouvraient de petites

pièces de 7 pieds de large, dans lesquelles logeaient les femmes mariées : chaque maison avait, aux deux portes d'entrée, peint ou sculpté le *totem* de la *gens*, c'est-à-dire l'animal dont elle prétendait descendre. Les villages des Dyaks de Bornéo sont formés de semblables habitations, construites sur des pieux à 15 et 20 pieds du sol, ainsi que l'étaient les cités lacustres de Suisse. Hérodote rapporte que les Pœoniens logeaient dans des demeures bâties sur pilotis dans le lac Prasias. Les femmes mariées des Dyaks avaient de petites chambrettes prenant jour sur le couloir central; les hommes et les garçons, les femmes non mariées et les jeunes filles dormaient dans des salles communes séparées. Les *casas grandes* (maisons grandes) du Mexique offraient l'apparence d'un colossal marche-pied, composé d'étages superposés, en retrait les uns sur les autres et subdivisés en cellules. Les palais mis à jour par Schliemann dans l'Argolide, et les restes des grandes habitations dont on rencontre les ruines en Norwège et en Suède étaient les demeures communistes des Grecs homériques et des Scandinaves barbares. Les habitations des collectivités familiales qui existaient encore en Auvergne dans la première moitié de ce siècle présentaient une disposition analogue à celle des longues maisons iroquoises.

Dans ces maisons communistes, les provisions sont communes, leur préparation culinaire se fait en commun, et les repas se prennent en commun.

Il faut s'adresser à Morgan pour avoir une description de la vie de leurs habitants : il est vrai que ses recherches ne portent que sur les Peaux-Rouges de l'Amérique, et principalement sur les Iroquois, au milieu desquels il a vécu comme hôte et membre adoptif; mais, ainsi qu'il le dit : « Quand une coutume est constatée chez les Iroquois, dans une forme définitive et positive, il y a grande probabilité qu'une semblable coutume existe chez d'autres tribus placées dans les mêmes conditions, parce que leurs nécessités étaient les mêmes. »

Les Iroquois, qui logeaient ensemble, cultivaient des jardins, ramassaient les récoltes et les engrangeaient dans leurs habitations comme dans un magasin commun. Il y avait une sorte de possession individuelle de ces produits par les différentes familles. Par exemple, les épis de maïs, attachés en paquets par leurs enveloppes, étaient suspendus dans les différentes chambrettes; mais lorsqu'une famille avait épuisé ses provisions, les autres lui fournissaient du maïs selon ses besoins et aussi longtemps qu'il en restait : il en allait de même pour le poisson et le gibier conservés. Les provisions végétales et animales, divisées et confiées à la garde des femmes, demeuraient propriété commune de toute la *gens.*

On observe dans ces villages indiens ce curieux phénomène d'une appropriation personnelle d'objets dont l'usage demeure cependant commun. « Il n'existe pas un objet dans une maison ou dans une famille indienne qui n'ait son propriétaire particulier, remarque Heckewelder à propos des Delaware et des Munsees. Chaque individu sait ce qui lui appartient, depuis le cheval et la vache jusqu'aux chiens, aux chats et aux poussins... Il y a parfois autant de propriétaires différents qu'il y a de petits dans la portée d'une chatte ou dans la couvée d'une poule; et si l'on achète une poule avec ses poussins, il faut traiter avec autant d'enfants qu'il y a de petits poulets. Ainsi, tandis que le principe de la communauté prévaut dans la tribu, le droit de propriété est reconnu parmi les membres de la famille[1]. » De fait, c'est au sein du communisme que prend naissance la propriété personnelle, qui, loin de lui être contradictoire, comme l'assurent les économistes, est au contraire son complément indispensable.

D'autres Indiens, ceux des villages de Laguna (Nouveau-Mexique), au lieu de diviser lés provisions par têtes de mère de famille à qui on confie leur garde, les mettent au contraire dans des magasins communs. « Ces greniers, écrivait à Morgan en 1869 le pasteur Samuel Gorman, sont généralement placés sous l'administration des femmes; elles ont plus de souci de l'avenir que leurs voisins espagnols; elles s'arrangent toujours à faire durer les provisions pendant toute l'année : ce n'est qu'après deux années consécutives de mauvaise récolte que les *pueblos* souffrent de la faim. »

Les Indiens de Maya, dans le Yucatan, font dans une hutte la cuisine en commun pour tout le village, comme au moyen âge on boulangeait tout le pain de la commune dans le four banal. Stéphen, dans son *Voyage dans le Yucatan*, raconte qu'il a souvent observé des troupes de femmes et d'enfants sortant de la cuisine commune avec des bols de bois ou de terre

---

1. HECKEWELDER, *Histoire, Coutumes et Mœurs des nations indiennes qui habitaient la Pensylvanie et les États avoisinants*. Heckewelder, qui était un missionnaire morave, vécut au milieu des Indiens pendant quinze ans, de 1771 à 1786; il parlait leur langue. Son livre naïf et écrit sur des observations personnelles dissipe beaucoup des erreurs que les philistins débitent sur les sauvages.

remplis de ragoût fumant, et rentrant dans les demeures particulières. Mais chez les Iroquois on préparait en commun la nourriture des habitants de chaque longue maison dans la maison elle-même. Une matriarche la distribuait de la marmite commune à chaque famille selon ses besoins; chaque personne était servie dans une écuelle de bois ou de terre. Ils n'avaient ni tables, ni chaises, ni assiettes, ni aucune pièce ressemblant à une cuisine ou à une salle à manger; chacun prenait son repas accroupi ou debout, où cela lui convenait. Les hommes étaient servis les premiers; les femmes et les enfants mangeaient après eux. Ce qui restait était mis de côté, au cas où un habitant de la maison aurait faim dans le courant de la journée. Les femmes cuisaient l'après-midi le *hominy,* espèce de bouillie de maïs concassé; on le laissait refroidir pour le lendemain matin ou pour les visiteurs. Ils ne prenaient pas de premier déjeuner ni de souper proprement dit; ils mangeaient, quand ils avaient faim, ce qui se trouvait à la maison. C'étaient de petits mangeurs.

Ces mœurs se sont reproduites dans la Grèce préhistorique : les *syssities* (repas communs) des temps historiques n'étaient qu'un souvenir de l'époque communiste primitive.

Le disciple de Platon, Héraclide de Pont, nous a conservé une description des repas communiste de Crète, où les coutumes primitives persistèrent pendant longtemps. Chaque citoyen, aux *andreies* (repas communs des hommes), recevait une part égale, excepté l'archonte, membre du conseil des anciens (*gerônia*), qui avait droit à une quadruple portion; une en sa qualité de citoyen, une autre en celle de président de

table, et deux autres parts additionnelles pour l'entretien de la salle et du mobilier. Chaque table était sous
la surveillance spéciale d'une matriarche, qui distribuait la nourriture et ostensiblement mettait de côté
les morceaux de choix pour les hommes qui s'étaient
distingués dans le conseil ou sur le champ de bataille.
Les étrangers étaient servis les premiers, même avant
l'archonte. Un vase rempli de vin coupé d'eau circu-
lait de mains en mains; il était de nouveau rempli à la
fin du repas. Héraclide ne mentionne que les banquets
communs des hommes; mais Hœck avance que dans
les cités doriennes, il y avait également des repas
communs de femmes et d'enfants. La connaissance
que l'on a de la constante séparation des sexes chez
les sauvages et les barbares rend très probable la sup-
position du savant historien de l'île de Crète.

Plutarque nous informe que les convives de ces repas
communistes étaient égaux : il les appelle pour cette raison des réunions aristocratiques, — *sunedria aristokra-
tika.* — Les personnes qui s'asseyaient à la même table
appartenaient sans doute à la même *gens.* Les Spartiates
convives d'une même *syssitie* formaient une organisation militaire correspondante et combattaient ensemble.
Les sauvages et les barbares agissent en commun en
toute circonstance, à table comme sur le champ de bataille, où ils se rangent par famille, par *gens* et par
tribus.

Il était de nécessité si impérieuse que chaque membre de la tribu communiste reçût sa part d'aliments,
que dans la langue grecque le mot *moira,* qui signifie
part d'un convive à un repas, finit par désigner la Destinée, la déesse suprême, à qui les hommes et les dieux

sont également soumis, et qui distribue à chacun sa
part d'existence, comme la matriarche des syssities cré-
toises distribuait à chaque convive sa part de nourriture.
Il est remarquable que dans la mythologie grecque la
Destinée et les Destinées sont personnifiées par des
femmes, *Moira, Aissa* et les *Keres,* et que leurs noms
veulent dire la part qui revient à chaque personne
dans une distribution de vivres ou de butin.

D'après Aristote, les provisions de ces repas communs
étaient fournies par les récoltes des terres, les troupeaux
et les redevances des colons appartenant à la communauté; de sorte, ajoute-t-il, que les hommes, les femmes et les enfants étaient nourris en Crète aux frais de
l'État. Il prétend que ces repas remontaient à une très
haute antiquité, que Minos les avait établis chez les
Crétois et Italus chez les Œnotriens, que ce dernier de
nomades avait rendus agriculteurs ; et comme le phi-
losophe de Stagyre retrouve ces repas communistes
persistant encore à son époque chez un grand nombre de peuples d'Italie , il conclut qu'ils sont origi-
naires de ce pays. Tandis que Denys d'Halicarnasse,
après avoir mentionné qu'à Rome chaque curie avait
une salle de festin commune à toutes les *gentes* qui
la composaient, et que les dix curies qui formaient chacune des trois tribus avaient également leur salle
commune, il songe aux repas communistes des Lacédémoniens et suppose que Romulus les a empruntés à
la législation de Lycurgue. Aristote et Denys se trom-
paient, car ces repas communistes, sans le secours d'aucune importation ou imitation, se sont organisés naturellement partout, aussi bien chez les Peaux-Rouges
d'Amérique, les Grecs et les Latins, que chez les Scan-

dinaves, qui les désignaient sous le nom de *Ghilde*, lequel devait plus tard être employé pour désigner les corporations de métiers, dont tous les membres s'engageaient au début par serment à se défendre et à s'entr'aider comme des frères.

Ces repas datent de l'époque communiste, que les Grecs appellent l'*âge d'or*; ils portaient chez eux le nom de *repas des Dieux*. L'*Odyssée* raconte qu'à un de ces repas les 4,500 citoyens de Pylos avaient pris place autour de neuf tables de 500 convives chacune. Aux fêtes solennelles de Rome on dressait des tables dans les rues pour le peuple tout entier. Xénophon rapporte qu'à certains jours de l'année on immolait à Athènes, aux frais de la ville, de nombreuses victimes, dont le peuple se partageait les chairs.

La religion, qui est le reliquaire des vieilles coutumes, avait conservé ces repas communistes comme cérémonies du culte ; elle prescrivait aux Athéniens des repas où des citoyens désignés par le sort devaient manger en commun dans le Prytanée : la loi punissait sévèrement ceux qui refusaient de s'acquitter de ce devoir religieux. Les citoyens qui s'asseyaient à la table sainte étaient revêtus momentanément d'un caractère sacré. On les nommait *parasites*. Afin de bien indiquer leur antique origine, ces repas religieux avaient la prétention de préserver dans leur service la simplicité primitive; dans telle ville on offrait le pain dans des corbeilles de cuivre; dans telle autre on ne devait se servir que de vases de terre. S'écarter de l'usage des ancêtres, présenter un plat nouveau, étaient des impiétés. La communion des catholiques, comme son nom d'ailleurs l'indique, est un souvenir des repas communistes de l'époque sauvage.

IV

Mœurs communistes.

L'habitation commune, logeant toute une *gens*, une fois qu'elle se fractionne en maisons particulières ne renfermant plus qu'une famille, les repas ne sont plus pris en commun, si ce n'est aux solennités nationales et religieuses, comme les festins sacrés des Grecs, célébrés pour conserver le souvenir du passé; les provisions, bien qu'appartenant individuellement à chaque famille, restent encore pratiquement à la disposition de tous. — Chaque homme, femme ou enfant dans un village indien, dit Catlin, a le droit d'entrer dans n'importe quelle demeure, même dans celle du chef de la nation, et de manger s'il a faim... Même le plus pauvre et le plus inutile individu de la nation, s'il est trop paresseux pour chasser et se pourvoir par lui-même, peut entrer dans n'importe quelle maison, et on partagera avec lui tant qu'il y aura quelque chose à manger. Cependant celui qui mendie de la sorte, s'il est capable de chasser, paye cher sa nourriture, car il est stigmatisé de la honteuse épithète de lâche et de mendiant. — Aux îles Carolines, un indigène qui entreprend un voyage ne s'embarrasse pas de provisions de route. A-t-il faim, il entre dans la première cabane qu'il rencontre, et, sans demander permission, il plonge sa main dans le baquet à *popoï*, — pâtée de fruits de l'arbre à pain. — Quand il est repu, il sort sans même dire merci. Il n'a fait qu'user d'un droit naturel, qu'accomplir l'acte le plus simple du monde.

Ces habitudes communistes, qui furent générales, se
maintinrent à Lacédémone longtemps après que les
Spartiates étaient sortis de la barbarie. Plutarque nous
dit que Lycurgue, le personnage mythique à qui ils rap-
portaient leurs institutions, avait défendu de fermer
les portes des maisons, pour que chacun pût y entrer et
prendre les aliments et ustensiles de ménage dont il
avait besoin, même en l'absence de son propriétaire;
un Spartiate pouvait également sans permission enfour-
cher le premier cheval venu, se servir des chiens de
chasse et même des esclaves de n'importe quel autre
citoyen.

L'idée de propriété privée, qui semble si naturelle
aux bourgeois, a été lente à se glisser dans la tête humaine. Quand les hommes ont commencé à réfléchir,
ils ont, au contraire, pensé que tout devait être à tous.
— Les Indiens, dit Heckewelder, croient que le Grand
Esprit a créé le monde et tout ce qu'il contient pour le
bien commun des hommes : quand il peupla la terre et
remplit de gibier les bois, ce n'était pas pour l'avantage
de quelques-uns, mais de tous. Toute chose est donnée
en commun à tous les enfants des hommes. Tout ce qui
respire sur terre et pousse dans les champs ; tout ce qui
vit dans les rivières et dans les eaux est conjointement
à tous, et chacun a droit à sa part. L'hospitalité n'est
pas chez eux une vertu, mais un devoir impérieux. Ils se
coucheraient sans manger plutôt que d'être accusés d'a-
voir négligé leurs devoirs en ne satisfaisant pas les besoins de l'étranger, du malade ou du nécessiteux, parce
qu'ils ont un droit commun d'être secourus aux dépens du fonds commun; parce que le gibier dont on les
a nourris, s'il a été pris dans la forêt, était la propriété

de tous, avant que le chasseur ne l'eût capturé ; parce
que les légumes et le maïs qu'on lui a offerts, ont poussé
sur la terre commune non par la puissance de l'homme,
mais par celle du Grand Esprit[1].

César avait eu l'occasion d'observer un communisme analogue chez les Germains ; leur prêtant des
idées de civilisé, il prétendait que leurs coutumes communistes avaient pour but de « maintenir l'égalité parmi
eux, puisque chaque homme voyait ses ressources éga-
ler celles du plus puissant » : comme si le communisme
primitif et le capitalisme actuel avaient été le fait de la
volonté humaine, au lieu d'être imposés l'un par les nécessités du milieu naturel, et l'autre par celles du milieu économique ou artificiel, puisqu'il est de création
humaine. Mais il est certain que le communisme dans
la production et dans la consommation présuppose et
maintient une parfaite égalité entre les membres de la
gens et de la tribu. Non seulement ce communisme
élémentaire conservait l'égalité, mais il développait
encore des sentiments de fraternité et de générosité qui
rendent bien ridicules la tant vantée charité chrétienne
et la non moins célèbre philanthropie philosophique.
Ces nobles qualités ont excité l'admiration des hommes
qui ont connu les tribus sauvages avant qu'elles n'eussent été corrompues par l'alcool, le christianisme, le

---

1. Hobbes, une des plus fortes tête de l'époque moderne, ne
pensait pas différemment : « La nature, dit cet impitoyable logi-
cien, a donné à chacun de nous égal droit sur toutes choses...
En l'état de nature, chacun a le droit de faire et de posséder
tout ce qui lui plaît. D'où découle le commun dire que la *nature
a donné toutes choses à tous*, et d'où il se recueille qu'en l'*état de
nature l'utilité est la règle du droit.* » (*De cive*, liv. Ier, ch. Ier.)

brutal mercantilisme et les pestilentielles maladies de la civilisation.

Jamais, à aucune époque du développement humain, l'hospitalité n'a été pratiquée d'une manière si simple, si large et si parfaite. Si un homme entre chez un Iroquois à n'importe quelle heure du jour, dit Morgan, qu'il soit un habitant du village, un membre de la tribu ou un étranger, le devoir des femmes de la maison est de placer devant lui de la nourriture. Omettre ce devoir serait un manque de courtoisie et presque un affront. S'il a faim, l'hôte mange, et s'il n'a pas faim, il doit par courtoisie goûter la nourriture et remercier.

« Ne pas venir en aide à ceux qui sont dans le besoin est considéré un grand crime, dit James Adairs, et celui qui le commet se déshonore et déshonore toute sa tribu [1] ». L'hôte était sacré, même s'il était un ennemi. Tacite retrouva les mêmes mœurs chez les Germains barbares, qui sortaient à peine de ce communisme primitif. —Aucun autre peuple ne donne avec plus de largesse les festins et l'hospitalité, dit-il. Repousser de son foyer un homme quel qu'il soit est regardé comme un crime. Chacun offre des repas servis d'après sa fortune. Quand les provisions sont épuisées, celui qui a reçu l'étranger lui indique un hôte nouveau, l'accompagne, et tous deux se rendent dans la maison voisine sans être invités, ce qui ne les empêche pas d'être reçus avec la même générosité. Amis ou inconnus lorsqu'il s'agit des devoirs de l'hospitalité, on ne distingue personne. — Cette large et fraternelle générosité était si développée chez les hommes de la période

---

1. James Adairs, *History of the American Indians* ; London, 1775.

communiste, qu'elle persista alors même que l'humanité en était sortie, pour ne s'éteindre que dans la période bourgeoise de la civilisation. Dans les villages de l'époque collectiviste, une partie des terres demeurées communes est mise de côté pour pourvoir aux besoins des visiteurs, qui sont logés dans une pièce réservée pour leur usage, et souvent appelée la *maison de l'hôte*. Ces faits sont rapportés non seulement des villages collectivistes de l'Inde, mais de ceux qui existaient en Auvergne et dans le Morvan au commencement de ce siècle.

Tacite et plus tard Salvien, l'évêque de Marseille de la fin du IVe siècle, donnaient en exemple aux Romains civilisés les barbares qui vivaient à côté d'eux. Catlin, le voyageur américain qui, de 1832 à 1839, vécut au milieu des tribus les plus sauvages de l'Amérique du Nord, écrivait : « Je puis assurer que le monde civilisé ne doit pas essayer de leur donner des leçons de vertu et de morale. »

Les voyageurs qui n'étaient pas de féroces, de grossiers et de rapaces commis voyageurs, comme les Stanley et les Brazza, ont fait plus que reconnaître et admirer les extraordinaires qualités des sauvages et des barbares qu'ils ont fréquentés : ils n'ont pas hésité à les attribuer au communisme dans lequel ils vivaient. « L'esprit fraternel des Peaux-Rouges, dit le jésuite Charlevoix, vient sans doute en partie de ce que le *tien* et le *mien*, ces paroles glacées, comme les appelle saint Jean de Chrysostome, ne sont point encore connues des sauvages. Les soins qu'ils prennent des orphelins, des veuves et des infirmes, l'hospitalité qu'ils exercent d'une manière si admirable, ne sont pour eux qu'une suite de la persuasion où ils sont que tout doit être commun pour tous les hommes [1]. » Le libre penseur Lahontan, le contémporain et le critique du jésuite Charlevoix, confirme ainsi son opinion : « Les sauvages ne connaissent ni le *mien* ni le *tien*, car on peut dire que ce qui est à l'un est à l'autre. Il n'y a que ceux qui sont chrétiens et qui demeurent aux portes de nos villes, chez qui l'argent soit en usage. Les autres ne veulent ni le manier ni même le voir. Ils l'appellent le *serpent des Français*... Ils trouvent étrange que les uns aient plus de bien que les autres et que ceux qui en ont le plus soient estimés davantage que ceux qui en ont le moins... Ils ne se querellent, ni se battent, ni se volent, et ne médisent jamais les uns des autres [2]. »

*
* *

Ce communisme primitif, qui ignore le commerce et par conséquent la monnaie, et qui n'a été pratiqué que par des tribus de sauvages et de barbares de quelques milliers de membres au plus, a été appliqué sur une grande échelle, et, bien que son agriculture et son industrie soient relativement peu développées, il a pu cependant assurer le bien-être de millions d'hommes et la prospérité d'un vaste empire. Au moment de la conquête du Pérou, ses habitants étaient entrés dans la phase de la propriété collective de famille : les terres, au lieu d'être possédées et cultivées en commun, étaient partagées tous les ans entre les familles demeu-

1. CHARLEVOIX, *Histoire de la Nouvelle-France;* 1744.
2. LAHONTAN, *Voyage de Lahontan.*

rant dans le village ; cependant une partie, deux tiers
environ, était mise de côté pour le Soleil, leur Dieu,
et pour les Incas, la caste dominante. Ces terres étaient
cultivées en commun ; les récoltes, après avoir servi à
subvenir aux besoins du culte, des Incas et de l'administration publique, étaient consacrées à des travaux
d'intérêt général et distribuées à tous les habitants selon
leurs nécessités ; la laine des immenses troupeaux de
lamas paissant sur les Cordillères et le coton cultivé
dans les plaines étaient également partagés, de façon
à ce que chaque famille en reçût suffisamment pour
vêtir tous ses membres.

La culture des terres communes et l'administration
de leurs récoltes étaient si parfaites, que les civilisateurs
espagnols qui sortaient d'une Europe à famines intermit-
tentes et peuplée de misérables, de mendiants, de prostituées et de voleurs, débarquèrent dans un pays qui
ne connaissait pas la misère, où les greniers d'abondance regorgeaient de maïs et d'autres grains. Au dire
de Polo Ondegardo, un des jurisconsultes envoyés pour
défendre les intérêts de la couronne d'Espagne contre
les barbares et féroces aventuriers qui ravageaient le
Pérou, il y avait dans quelques-uns de ces greniers « de
la nourriture pour dix ans ». Prescott cite le testament
d'un soldat de la conquête, Sierra Lejesema, qui con-
fesse que lorsque les *conquistadores*, dont il faisait partie, détruisirent l'empire des Incas, le peuple était si
bien gouverné, qu'il n'y existait ni voleur, ni paresseux,
ni débauché, ni femme de mauvaise vie,... que les montagnes et les mines, les pâturages, les forêts et les
chasses, et toute espèce de biens, étaient si sagement
administrés et distribués, que chacun savait la part qui

devait lui revenir, et possédait son bien sans craindre que personne le lui dérobât, et qu'il n'y avait pas de querelle à leur sujet;... et quand ils virent les Espagnols mettre des portes et des serrures à leurs demeures, ils crurent que c'était de crainte d'être assassinés par les Indiens, parce que ceux-ci ne pouvaient pas supposer que personne pût songer à prendre le bien d'autrui. Aussi quand ils s'aperçurent qu'il y avait parmi nous des voleurs et des hommes qui débauchaient les femmes et les filles, ils nous eurent en peu d'estime.

Le jurisconsulte Ondegardo, après avoir constaté que sous les Incas « il n'y avait pas un Indien pauvre et nécessiteux », attribue au Diable l'invention de cette prévoyante administration communiste, afin d'endurcir le cœur des enfants en les privant du devoir de secourir leurs parents âgés et misérables, et afin d'éteindre la charité en dispensant ceux qui possèdent de faire l'aumône aux pauvres[1].

Les ruines des travaux publics de l'empire communiste du Pérou, qui pouvait mettre sur pied deux cent mille guerriers au moment de la conquête, comme ceux de l'antique et communiste Égypte, étonnent l'art de nos ingénieurs. Un aqueduc qui traversait le district de Condesuyu avait une longueur de 6 à 8 kilomètres et apportait l'eau à l'aide de lacs naturels et de réservoirs jusque dans le cœur des montagnes. — La route de Quito à Cusco, longue de 2,500 à 3,000 kilomètres, avait, tous les 15 kilomètres, des forteresses et baraquements militaires entourés d'un parapet de pierre d'un très grand diamètre ; la chaussée, large

---

1. WILLIAM H. PRESCOTT, *History of the conquest of Peru.*

de 7 pieds, était pavée de larges pierres, et en certains
endroits couverte d'un ciment plus dur que le granit.
Construite dans un pays montagneux, elle franchissait
les torrents et les précipices par des ponts de bois.
Humboldt, qui, au commencement du siècle, visita le
Pérou, ne pouvait s'empêcher d'admirer « cette chaussée bordée de grandes pierres de taille, qui peut être
comparé eaux plus belles routes des Romains que j'aie
vues en Italie, en France et en Espagne... Le grand chemin de l'Inca est un des ouvrages les plus utiles et en
même temps des plus gigantesques que les hommes
aient exécutés [1]. » Cet ouvrage gigantesque était accompli par un peuple communiste qui ne possédait pas de
bêtes de somme et qui ne connaissait pas l'usage du fer.

V

Propriété commune de la terre.

Aussi longtemps que les hordes sauvages, vivant de
chasse et de cueillette et ne possédant aucun animal
apprivoisé, si ce n'est parfois le chien, parcourent la
terre en suivant les rivages de la mer et des fleuves,
s'arrêtant là où elles trouvent des vivres en abondance,
elles ne songent pas à revendiquer même la propriété
commune d'un territoire de chasse, la première forme
sous laquelle apparaît la propriété foncière.

Les sauvages, qui ne connaissent qu'une agriculture
rudimentaire et qui se reposent sur la nature pour leur
fournir des fruits, du poisson et du gibier, doivent

1. Humbold, *Vue des Cordillères.*

avoir l'usage de vastes territoires de chasse, autrement ils ne pourraient se procurer leur nourriture : aussi dès que dans une localité la population s'épaissit, il fallut procéder à un partage des eaux et des terres entre les tribus qui les habitaient.

Le premier partage de la terre se fit sous forme de territoires de chasse et plus tard de pâturage, quand commence l'élève du bétail. Les terres ainsi distribuées étaient la propriété commune de la tribu et des tribus fédérées ou apparentées, qui les subdivisaient entre les clans ou *gentes* qui les formaient. L'idée de la possession individuelle de la terre ne s'insinua que très difficilement et très tardivement dans le cerveau humain. « La terre est comme l'eau et le feu, elle n'appartient à personne, » disent les Omahas de l'Amérique. La terre ne peut être que la possession commune de toute la tribu, non seulement de ses membres existants, mais encore de ses membres à naître : le gouvernement anglais de la Nouvelle-Zélande l'apprit à ses dépens. Bien qu'ayant acheté aux Maoris un territoire, avec le consentement unanime des membres de la tribu, il continuait cependant à recevoir de nouvelles réclamations d'argent à chaque nouvelle naissance; car, disaient les Maoris, nous avons bien vendu nos droits de possession, mais nous ne pouvions vendre les droits de ceux qui n'étaient pas nés. Le gouvernement ne put se tirer de la difficulté qu'en allouant une annuité à la tribu, de laquelle chaque enfant, en venant au monde, reçoit une part. Le Dieu des Juifs ne voulait pas de la propriété personnelle du sol : « La terre ne sera pas vendue, ordonne l'Éternel, car la terre est à moi, et vous êtes étrangers et forains chez moi. » (*Lévi-*

tique, XXV, 23; *Chroniques,* XXIX, 15 et 16.) Le pape Léon XIII, qui, dans sa fameuse encyclique contre les socialistes, s'est posé en champion de la propriété privée de la terre, avait sans doute oublié les commandements de son Dieu : il est vrai qu'il y a beau jour que juifs et chrétiens ont déserté le culte de Jéhovah pour celui du Dieu-Propriété.

L'humanité dut passer par une lente et pénible évolution avant d'arriver à la propriété privée de la terre.

*
* *

Les Fuégiens limitent leurs territoires de chasse, propriété commune de toute la tribu, par de larges espaces inoccupés; César rapporte que les Suèves mettaient leur orgueil à les entourer de vastes solitudes; les Germains nommaient « forêt limitrophe », et les Slaves « forêt protectrice », cet espace neutre entre les possessions de deux ou plusieurs tribus; dans l'Amérique du Nord, cet espace était plus étroit entre les tribus de même langue, d'ordinaire apparentées et alliées, et plus large entre les tribus d'idiomes différents.

Les nations sauvages et barbares de l'ancien et du nouveau monde bordent leurs territoires de ces zones neutres pour préserver leurs moyens d'existence, c'est-à-dire leur gibier et leurs troupeaux de porcs paissant librement dans les forêts. Tout étranger rencontré sur le territoire d'une autre tribu est pourchassé; s'il est pris, mutilé et parfois tué. Heckewelder raconte que les Peaux-Rouges coupaient le nez et les oreilles de tout individu surpris sur leurs terres et le renvoyaient dire à ses chefs qu'à la prochaine occasion on le scalperait.

L'adage féodal, *qui terre a, guerre a,* commence à être
véridique dès l'époque sauvage, dès que la propriété
commune fait son apparition. Les violations de territoires de chasse sont parmi les principales causes de
querelles et de guerre entre les tribus voisines.

Ces espaces inoccupés, établis d'abord pour prévenir
les incursions, devinrent plus tard des places de marché
où des tribus avoisinantes se rencontraient pour échanger le surplus de leur consommation. Harold, roi d'Angleterre, battit en 1063 les Cambriens qui envahissaient
continuellement le territoire des Saxons ; il convint
avec eux que tout homme de leur nation trouvé en armes à l'est du retranchement construit au VIIIe siècle
par Offa aurait la main droite coupée. Les Saxons éle-
vèrent de leur côté un autre retranchement parallèle,
et l'intervalle entre les deux murailles devint un terrain
neutre pour les commerçants des deux nations.

VI

Origine de la division du travail.

Les voyageurs ont constaté avec étonnement que les
sexes dans les peuplades sauvages sont séparés par des
barrières matérielles et morales et qu'ils vivent à part.
Cet isolement des sexes s'est sans doute établi quand
on voulut faire cesser la promiscuité primitive et empêcher les relations sexuelles entre frères et sœurs,
autrefois la règle. Nécessitée d'abord dans un intérêt
de morale familiale, cette séparation s'est maintenue
et accentuée par la différence des occupations entre les
deux sexes et par la propriété. — L'homme se consacre

à la défense et à l'approvisionnement, tandis que la femme prend à sa charge la conservation et l'administration des vivres de la *gens*, la préparation culinaire des aliments, la confection des vêtements et des ustensiles de ménage. « L'homme, disait un Kurnaï à Fison, chasse, pêche, et se bat et s'assied ; » ce qui signifie que le reste est affaire de la femme. C'est la division du travail qui commence ; et, ainsi que l'observe Marx, elle est d'abord basée sur la différence des sexes. De même que chaque sexe a son occupation spéciale, il a aussi un genre spécial de propriété.

Le sauvage ne comprend la possibilité de la propriété personnelle que comme conséquence et consécration de l'usage : ce qu'un individu ne peut s'approprier par l'usage ne peut lui appartenir. L'homme, étant guerrier et chasseur, doit avoir la propriété des armes, des chevaux, des instruments de pêche et de chasse ; tandis qu'à la femme échoit la propriété des provisions, des ustensiles de ménage et autres objets du ressort de ses occupations ; comme l'homme porte ses armes et le gibier, elle transporte ses biens sur son dos, ainsi que son enfant, qui lui appartient à elle, et non au père, généralement incertain ou inconnu.

L'introduction de l'agriculture, qui allait devenir la cause déterminante du morcellement du territoire, propriété commune de toute la tribu, accrut encore la séparation des sexes. L'homme, resté guerrier et chasseur, abandonne à la femme les travaux des champs, consentant à l'aider parfois à l'époque de la moisson ; chez les peuples pasteurs, il se réserve la garde des troupeaux, qui finit par être considérée plus noble que les travaux de culture : chez les Caffres, la surveil-

lance du bétail est une occupation aristocratique. Les
anciennes lois des Aryens interdisaient l'agriculture
comme une dégradation aux deux premières classes,
aux brahmines et aux kshattryas ou guerriers : « Car,
dit Manou, les vertueux blâment les brahmines et les
kshattryas qui se livrent à l'agriculture, parce que la
charrue avec sa pointe de fer blesse la terre et les personnes qui sont en elle. » (*Lois de Manou*, ch. X.) Ce
sont toujours des bergères, c'est-à-dire des filles de
race noble, qu'épousent les rois dans les contes de fée.

L'usage étant le seul titre de propriété personnelle
que connaissent et que peuvent connaître les sauvages,
la propriété foncière familiale, dès qu'elle s'établit,
est inscrite au nom de la femme. Aussi dans toutes les
sociétés où la forme patriarcale de la famille n'a pas
complètement supplanté la forme matriarcale on trouve
les biens-fonds possédés par les femmes : c'était le cas
chez les Égyptiens, chez les Naïrs de la côte de Mala-
bar, chez les Touareg du désert africain et les Basques des montagnes pyrénéennes. Du temps d'Aristote,
les deux cinquièmes du territoire de Sparte appartenaient aux femmes.

La propriété foncière, qui devait finir par être pour
son possesseur un moyen d'émancipation et de supré-
matie sociale, débuta par être une cause de sujétion :
les femmes furent condamnées aux durs travaux des
champs, ainsi que plus tard les esclaves. L'agriculture,
qui conduisit l'homme à la propriété individuelle de la
terre, introduisit le travail servile.

VII

Travail en commun de la terre.

Les terres de la tribu sont labourées et ensemencées
en commun tant que subsiste le communisme primitif.
— Dans certaines parties de l'Inde, dit dans son journal
de navigation Néarque, un des capitaines d'Alexandre,
témoin oculaire des faits écoulés au IVᵉ siècle avant
notre ère, les terres sont cultivées en commun par des
tribus ou groupes de familles, qui se partagent à la fin
de l'année les fruits de la moisson. — Stéphen, cité par
Morgan, décrit un campement d'Indiens Maya du Yucatan, qui possédaient et travaillaient en commun leurs
terres. Diodore rapporte que les habitants des îles
Lipari, sur les côtes de la Sicile, avaient leurs biens en
commun, qu'une partie des habitants se consacrait à
la culture des terres, et l'autre à combattre les pirates
tyrrhéniens; plus tard, quand ils partagèrent au sort
l'île Lipari, où ils demeuraient, ils continuèrent cependant à posséder et à cultiver en commun les autres
petites îles. César nous dit que les Suèves, « la nation
la plus puissante et la plus belliqueuse de toute la
Germanie », ne possédaient pas de champs privés et
séparés (*privati ac separati agri*) : chaque année mille
guerriers sortaient de chacun de ses cent cantons pour
aller guerroyer au loin : ceux qui restaient dans leurs
foyers devaient cultiver les champs communs.

Cette habitude de posséder et de cultiver les terres
en commun a persisté, alors même qu'on était sorti de
la phase communiste. Dans les villages russes vivant

sous le régime du collectivisme consanguin; souvent des champs sont cultivés en commun, qui s'appellent *terres labourées par la commune;* la récolte est partagée entre toutes les familles du *mir.* Dans d'autres villages les terres ne sont partagées entre les familles qu'après avoir été labourées en commun. Des Cosaques du Don fauchent en commun leurs prairies indivises, et divisent le foin une fois coupé. Ce n'est pas seulement en Russie, la terre classique du collectivisme consanguin, que l'on trouve cette persistance de la culture communiste: en 1877, M. Miller écrivait à Morgan, de Taos, un village indien du Nouveau-Mexique, que dans chaque pueblo on cultivait en commun un champ de maïs, dont la récolte, commise à la garde du cacique, était à la disposition de ceux qui manquaient de grain. Les lois du pays de Galles, écrites au IXe siècle, règlent que chaque famille doit recevoir environ deux hectares pour sa culture individuelle, mais qu'une pièce de terre doit être mise de côté pour être cultivée en commun.

Les récoltes des terres soustraites au partage et labourées en commun, au lieu d'être distribuées entre les habitants du village, servaient parfois à défrayer des dépenses communes. Gomme, dans son *Village community,* cite un village du comté de Meath, en Irlande, où la moisson du champ commun était employée à payer la dîme et l'impôt; dans certaines communes de l'Inde elle est consacrée à rétribuer les fonctionnaires (forgeron, prêtre, maître d'école, etc.) qui doivent leurs services à tous les membres de la communauté. L'*Iliade* et l'*Odyssée* nous apprennent qu'en Grèce un champ sacré — *temenos* — était, comme au Pérou, mis de côté pour le dieu local et le chef militaire, — *basileus.* Le

Diable lui-même avait son champ en Écosse ; et comme il fallait être poli avec le démon, on le nommait la *terre du bonhomme* (*gude man's land*) ; on le laissait inculte. L'État athénien louait ses terres communes, et une partie des revenus qu'il en retirait était attribuée à l'entretien des prostituées sacrées, à l'usage gratuit des eupatrides.

Les deux tiers environ des terres arables du Pérou demeuraient propriété commune et appartenaient au Soleil et aux Incas. Les habitants, avant de labourer et d'ensemencer les champs qu'ils recevaient en partage tous les ans, cultivaient en commun les terres du Soleil, dont les récoltes, après avoir servi au culte, étaient distribuées entre tous. Le travail en commun avait l'attrait d'une réjouissance sociale : au point du jour, du haut d'une tour ou d'une éminence on convoquait toute la population ; les hommes avec les femmes et les enfants accouraient en habits de fête et parés de leurs ornements les plus beaux. La foule se mettait à l'ouvrage, chantant en chœur des hymnes qui célébraient les hauts faits des Incas ; toute la besogne s'exécutait avec cet entrain joyeux, qui a toujours présidé au travail en commun dans les sociétés communistes des sauvages et des barbares.

VIII

Propriété commune des biens mobiliers.

On sait positivement aujourd'hui que la terre et ses produits (récoltes, poisson et gibier) ont d'abord été propriété commune dans le sein de la tribu et de la

P. LAFARGUE. — Étude.   21

gens, et que même les premiers biens mobiliers, très peu nombreux chez les sauvages (armes, bateaux, instruments de pêche, ustensiles de ménage des plus simples, etc.), ont d'abord été considérés comme des biens communs.

Ce communisme se maintint alors même que les biens mobiliers (troupeaux, esclaves, bijoux, métaux précieux, etc.) se multipliaient dans le sein des tribus barbares. Cependant ces biens mobiliers, qui pendant des milliers d'années seront le fléau de l'humanité, se prêtant à l'accumulation personnelle et au commerce, vont organiser la formidable révolution qui dépossédera la femme de sa haute position sociale et poussera l'homme inconscient et impuissant à dresser sur les ruines du communisme primitif et du collectivisme consanguin la néfaste propriété privée.

Tant que l'agriculture et l'industrie restaient rudimentaires, il n'y avait pas de place pour l'esclave dans les organisations communistes primitives : le prisonnier de guerre était mis à mort ou adopté par la *gens* si celle-ci voyait ses guerriers diminuer. La culture des terres, les progrès de l'industrie et la domestication des animaux introduisirent l'esclavage : il y avait alors un intérêt économique à conserver le prisonnier, et même à s'en procurer, pour les occuper à différents genres de travaux. La guerre, qui ne s'était faite entre les tribus que pour la conquête ou la défense de territoires de chasse, devient, avec l'accroissement des biens mobiliers, un moyen d'obtenir des récoltes, des troupeaux, des esclaves et des métaux précieux. Le barbare guerrier et chasseur abhorre le travail : avant de se courber aux pénibles travaux de l'agriculture, il consacre son énergie à l'industrie piratique, à la guerre pour le butin. Le brigandage fait son apparition dès que les biens mobiliers se multiplient et s'accumulent.

Les Grecs des temps préhistoriques étaient d'audacieux pirates, courant le long des côtes méditerranéennes et se réfugiant avec leur butin dans leurs acropoles, perchées sur des rochers comme des nids d'aigles. Un précieux fragment d'un chant grec, le *Skolion* d'Hybrias, nous initie aux sentiments et à la vie des guerriers barbares. Le héros chante : J'ai pour richesse ma grande lance, et mon glaive, et mon bouclier, rempart de ma chair ; par eux je laboure, par eux je moissonne, par eux je vendange le doux jus de la vigne, par eux je suis appelé le maître de la *mnoia* (les esclaves de la communauté). Et ceux qui n'osent pas porter la lance et le beau bouclier, qu'ils s'agenouillent devant moi comme devant un maître et qu'ils m'appellent le grand chef...

Lemninkaimen, le « joyeux » héros du *Kalevala*, le poème épique des Finnois, chante lui aussi : Mon or est aussi ancien que la lune, mon argent est de l'âge du soleil : ils ont été vaillamment conquis dans les combats... Une seule petite pièce de monnaie gagnée dans un combat possède plus de valeur que tout l'or et tout l'argent soulevé par la charrue [1].

---

1. Les chevaliers errants de la fin du moyen âge, ruinés par les croisades et dépossédés de leurs terres, ne vivaient que de la guerre ; ils appelaient, comme le héros grec, *moisson de l'épée*, le butin qu'ils gagnaient dans les combats. L'épée était leur *gagne-pain*, comme dit un poème de l'époque :

> Dont i est *gagne-pains* nommée,
> Car par li est gagnies li pains.
>
> (*Pèlerinage du monde*, par Guigneville.)

La piraterie sur terre et sur mer est l'occupation favo-
rite des barbares : même lorsqu'ils s'adonnent à l'agriculture, ils restent pirates. César nous dit que les Suèves
menaient de front les deux industries : tous les ans une
partie des guerriers de leur nation cultivait les terres,
tandis que l'autre partait en expédition ; et quand celle-ci
rentrait au foyer, l'autre sortait en course. Probablement le butin rapporté était partagé entre tous, puisque
ceux qui restaient au pays étaient obligés de travailler
les terres de la communauté. Ils étaient communistes
dans l'agriculture et dans le brigandage. Le communisme finit par disparaître, mais le brigandage persista. Les Athéniens en plein régime de propriété privée
conservaient leurs mœurs piratiques. Solon maintint à
Athènes les collèges des pirates. « Les anciens ne
voyaient rien de déshonorant dans la piraterie, » dit
Thucydide ; les nations capitalistes la tiennent au contraire en grand honneur : toutes les expéditions colo-
niales modernes ne sont que des guerres de pirates.

Partout où les héros barbares abordaient dans la
Méditerranée, ils enlevaient les hommes et les femmes,
les bestiaux, les récoltes et les biens mobiliers. Les
hommes, réduits en esclavage, demeuraient propriété
commune, tant que les terres restèrent communes ;
plus tard ils furent partagés au sort. Les villes de la
Crète, une des premières îles colonisées par ces hardis
pirates, possédaient encore, au temps d'Aristote, des
troupes d'esclaves, appelés *mnotæ*, qui cultivaient le
domaine public, dont les récoltes nourrissaient tous les
citoyens [1]. Cette possession en commun d'esclaves,

1. Il y avait deux classes d'esclaves en Grèce : les esclaves publics, *koiné douleia,* — troupe commune d'esclaves, — appartenant

commé on devait s'y attendre, se retrouve dans l'Inde,
ce vaste musée des coutumes du passé le plus reculé.
Hodgson décrivait en 1830 un village situé à 45 kilomètres nord-ouest de Madras, dont les habitants étaient
assistés dans leurs travaux agricoles par des esclaves
qui étaient bien une propriété commune, puisque lorsque l'un d'eux vendait ou hypothéquait sa part dans les
terres de la communauté, il transférait en même temps
les esclaves qui y étaient attachés[1]. Les cités du moyen
âge et même des villages possédaient en commun des
serfs.

Par tout pays la propriété de la terre et de ses récoltes, des animaux domestiques et des esclaves débuta par
être propriété commune de la tribu et de la *gens*. — Le
communisme a été le berceau de l'espèce humaine : la
civilisation a partout détruit ce communisme primitif,
dont les traces persistantes, en dépit de la rapacité des
nobles et des bourgeois, sont les biens communaux.
Mais l'œuvre de là civilisation est double : d'un côté elle
démolit, et de l'autre elle reconstruit : ainsi, tandis
qu'elle brise le moule communiste de l'humanité sauvage et barbare, elle organise les éléments d'un nouveau
communisme.

Nous allons suivre la civilisation dans son double
mouvement de destruction et de reconstruction.

à l'État, et les *klarotes*, c'est-à-dire adjugés au sort, appartenant aux particuliers. Athènes possédait de nombreux esclaves
publics, qui ne cultivaient pas la terre, mais qui remplissaient
les fonctions de bourreau, d'agents de police, d'employés subal-
ternes de l'administration, etc.

1. *Transactions of the Royal Asiatic Society ;* 1830.

CHAPITRE III

LE COLLECTIVISME CONSANGUIN

I

Fractionnement de la « gens » en familles matriarcales et patriarcales.

L'histoire de la propriété est, à ses débuts, si intimement liée à celle de la famille, qu'il est nécessaire de dire ici quelques mots sur les transformations de cette dernière, tout en renvoyant le lecteur à l'ouvrage de F. Engels sur *l'Origine de la famille,* où le sujet est traité avec le développement et la compétence voulus[1].

La *gens* ou le clan forme d'abord une grande famille indivise : tous ses membres logent sous le même toit et vivent en commun. Les enfants appartiennent à la *gens* et se considèrent comme frères et sœurs; ils appellent mères et pères les femmes et les hommes de la génération de leurs propres parents. Cette confusion n'empêche pas les mères sauvages de reconnaître les enfants

---

1. F. ENGELS, *l'Origine de la famille, de la propriété privée et de l'État;* G. Carré éditeur, 1893.

qu'elles ont mis au monde, avec plus de certitude parfois que les mères civilisées dont les bébés sont si souvent changés en nourrice. Les enfants se groupent naturellement autour de leur véritable mère, surtout lorsque,
les relations sexuelles interdites dans le sein d'une
même *gens*, la femme doit prendre son ou ses maris dans
un autre clan : le père devient alors un étranger, un
hôte parfois de passage. Ces conditions étant données,
la mère devait être naturellement le chef de la famille,
dès que celle-ci se constitue : elle le fut en effet dans
toutes les races humaines ; le fait est aujourd'hui établi.

On a vu plus haut que, dans la maison commune du
clan, chaque femme mariée possédait sa chambrette
privée, où elle conserve les provisions communes, distribuées par têtes de femme. La famille individuelle
naissait alors sous sa forme matriarcale au sein même
de la famille communiste de la *gens*. Quand les femmes
mariées, emmenant leurs enfants, leurs sœurs cadettes
non mariées, et leurs frères dont les femmes vivaient
dans un autre clan, se séparèrent pour s'établir à
part, la maison commune se fractionna en autant de
maisons particulières que de ménages. L'individualisation de la famille sous sa forme matriarcale amena
la dissolution de la communauté d'habitation. La mère
est alors maîtresse de maison, *déspoina*, — souveraine,
— disaient les Lacédémoniens ; alors commence à
poindre le germe de la propriété foncière familiale.

Elle débute modestement, elle est circonscrite au
morceau de terrre sur lequel s'élève la maison : c'est la
terra salica [1].

---

1. L'expression *terra salica* a donné lieu à de nombreuses con-

Tant que dure la forme matriarcale, les biens mobiliers et immobiliers se transmettent par descendance féminine : on hérite de sa mère et des parents de sa mère, et non de son père ni de ses parents. A Java, où cette forme familiale subsiste encore, les biens mobiliers d'un homme reviennent à la famille de sa mère ; il ne peut faire aucune donation à ses enfants, qui vivent dans un autre clan, avec leur mère, sans le consentement de ses frères et sœurs, ses héritiers naturels. Si l'on juge par ce que l'on sait des Égyptiens et d'autres peuples, l'homme occupe dans la famille matriarcale une position subordonnée : chez les Basques, qui, malgré le christianisme et la civilisation, ont conservé les mœurs familiales primitives, lorsque la fille aînée, à la mort de sa mère, hérite des biens de la famille, elle reçoit en même temps la maîtrise sur ses frères et sœurs cadettes. L'homme est en tutelle dans sa propre maison : il reste toute sa vie soumis à l'autorité de la femme, comme fils, frère et mari ; il ne possède que le pécule que lui donne sa sœur pour se marier. « Le mari est le premier domestique de sa femme » est un dicton basque [1].

troverses : jusqu'au xviii⁰ siècle, les historiens la traduisaient par terres nobles, terres distribuées sous Clovis pour services militaires, etc. Mably, dans ses *Observations sur l'histoire de France*, la rétablit dans son sens d'héritage en biens-fonds, domaine paternel des Franks Saliens, et non terre concédée à titre bénéficiaire ; Guérard remonte à sa véritable signification en montrant que *salica* dérive du vieux mot tudesque *sala*, maison. *Terra salica* veut donc littéralement dire : terre de la maison, la terre sur laquelle elle s'élève, qui appartient à la famille, d'abord représentée par la mère, puis par le père.

[1]. Cette position élevée qu'occupe la femme au début de l'humanité, démontre, cela soit dit en passant, que la supériorité

Cette dépendance de l'homme vis-à-vis de la femme coïncide souvent avec une jalouse animosité du sexe mâle et une division des sexes en deux classes antagoniques, se distinguant par des rites religieux et un langage secret. Appeler femme un guerrier des nations sauvages de la vallée mississipienne et un Grec des temps homériques, qui sortait à peine du matriarcat, était une grave insulte. Sésostris, pour perpétuer le souvenir

physique et intellectuelle de l'homme n'est pas une nécessité physiologique primordiale, mais la résultante d'une situation économique et sociale perpétuée pendant des siècles, qui lui a permis de développer ses facultés plus librement et plus complètement qu'à la femme, tenue en sujétion, en esclavage familial. Broca, à la suite de sa discussion avec Gratiolet sur les rapports du volume et du poids du cerveau avec l'intelligence, reconnaissait que l'infériorité intellectuelle de la femme pouvait simplement provenir d'une infériorité d'éducation. Manouvrier, disciple de Broca et professeur à l'école d'anthropologie de Paris, a constaté que la capacité des crânes masculins de l'âge de pierre qu'il a mesurés était, à peu de chose près, aussi considérable que la capacité moyenne des crânes masculins parisiens modernes, tandis que celle des crânes féminins de l'âge de pierre était plus considérable que celle des Parisiennes modernes :

CAPACITÉ MOYENNE DES CRANES PARISIENS MODERNES

Nombre de crânes mesurés.	Capacité en centimètres cubes.
77 masculins	1.560
41 féminins	1.338

CAPACITÉ MOYENNE DES CRANES DE L'AGE DE PIERRE

58 masculins	1.544
30 féminins	1.422

La capacité moyenne des crânes masculins sauvages est inférieure de 16 centimètres cubes ; tandis que celle des crânes féminins est supérieure de 84 c. c.

(L. Manouvrier, *de la Quantité de l'encéphale* [Mémoires de la Société d'anthropologie de Paris, III, 1885].)

de ses victoires, raconte Hérodote, élevait des obélisques chez les peuples vaincus, et, afin de marquer son mépris pour ceux qui ne lui avaient pas opposé de résistance, il faisait graver dessus, comme emblème de leur lâcheté, l'organe sexuel de la femme ; la langue populaire de France conserve le souvenir de ce sentiment quand elle désigne du nom du même organe l'homme imbécile. Par contre, les femmes guerrières des tribus dahoméennes emploient l'épithète *homme* comme une injure. L'homme supplanta la femme dans la direction de la famille pour secouer son ascendance et s'emparer de ses biens et pour satisfaire sa propre jalousie.

Car probablement cette révolution familiale fut déterminée par l'accroissement des richesses mobilières; il valait alors la peine de détrôner la femme de son autorité. Cette dépossession s'accomplit plus ou moins brusquement et brutalement selon les peuples. Tandis que les Lacédémoniennes conservaient jusque dans les temps historiques une partie de leur indépendance et de leurs biens, ce qui faisait dire à Aristote que c'était chez les peuples exclusivement adonnés à la guerre que les femmes exerçaient le plus d'autorité, à Athènes et dans les villes maritimes, enrichies de bonne heure par le commerce, elles furent violemment expropriées de leurs droits et de leurs biens. Les femmes de l'Attique défendirent leurs privilèges les armes à la main, et se battirent avec une énergie si désespérée que toute la mythologie et même l'histoire grecque garde le souvenir de ces luttes héroïques.

De ce bref aperçu de l'évolution familiale, je retiens ce fait important que la constitution de la famille individuelle sous la forme matriarcale d'abord, patriarcale ensuite, brisa le communisme de la *gens*. Il se forma dans son sein des familles particulières, qui eurent des intérêts privés et indépendants de ceux de la *gens ;* celle-ci n'était plus la famille commune de tous ses membres, mais un ensemble de familles consanguines, c'est-à-dire issues d'un ancêtre commun.

La propriété commune de la *gens* dut à son tour se morceler pour constituer la propriété privée des familles désagrégées.

II

Propriété collective consanguine.

Les terres continuent à être possédées en commun après que la *gens* s'est fractionnée en familles privées, matriarcales ou patriarcales ; mais elles ne sont plus cultivées en commun, et leurs récoltes ne sont plus consommées en commun par tout le clan : elles sont annuellement partagées entre les familles ,désagrégées du clan ; chacune cultive son lot et possède seule les récoltes qu'elle a été seule à produire. Ce n'est pas encore la propriété privée du sol, mais l'usage privé de la terre.

La famille n'est pas formée par un seul couple, mais par plusieurs ménages, étroitement apparentés ; elle est un *feu*, selon l'expression du moyen âge, c'est-à-dire un ensemble de ménages vivant en communauté « au même pain et au même pot », et autour d'un même foyer. Le communisme de la *gens* est remplacé par le communisme d'un plus ou moins grand nombre de familles unies par les liens du sang, alors naît le *collectivisme consanguin*[1].

Les terres arables sont divisées en longues et étroites parcelles, puis réunies en autant de lots qu'il y a de ménages dans les feux ; ces lots, formés de parcelles de différentes qualités, sont aussi égaux que possible, car la plus scrupuleuse égalité doit présider aux partages : chaque ménage reçoit une quantité de terres équivalente à ce que peut labourer en deux jours une paire de bœufs ; cette unité de mesure est aux Indes de deux charrues et à Rome de deux *jugera*[2]. Une partie des terres est mise de côté pour accroissement possible de la population, pour dépenses générales, payement des impôts, des fonctionnaires du village, etc. Cette réserve, d'abord cultivée en commun, est par la suite affermée.

1. La propriété collective consanguine, sous le nom de *mir*, de *marche*, de *communauté de village*, etc., a dernièrement été étudiée en Allemagne par Haxthausen, Maurer, Engels, etc.; en Angleterre par Kemble, Maine, Gomme, etc.; en Belgique par Laveleye; en Russie par Mme Efimrenko, Kovalewsky, etc.; en France par Paul Viollet.

Je donne à cette forme de propriété le nom de *collectivisme consanguin* pour la distinguer du communisme primitif dont elle dérive, et parce que primitivement les familles qui avaient droit au partage annuel des terres communes reconnaissaient toutes un ancêtre commun.

2. Varron et Pline nous apprennent que Romulus, après avoir mis de côté des terres pour le culte et le domaine public, comme cela se pratiquait au Pérou, fit trois parts, une pour chacune des trois tribus; chaque part fut divisée en trente lots pour les trente curies, qui de nouveau furent subdivisées en parcelles, de façon que chaque famille reçût une quantité de terre équivalente à deux *jugera*. —Le *jugum* ou *jugerum* est une mesure de surface qui désigne la quantité de terre que peut labourer en une journée un joug de bœufs.

Les lots, une fois faits, sont tirés au sort afin qu'il n'y ait pas de passe-droits ni de sujets de mécontentement. On retrouve ce partage de terres et ce tirage au sort pour la distribution des lots chez tous les peuples. — L'Éternel ordonne aux Israélites, entrant dans la terre promise, de partager les terres par tribus et par familles proportionnellement au nombre de leurs membres et de distribuer les parts par la voie du sort : dans les langues grecque et latine le mot sort — *kleros* et *sors* — signifie également patrimoine ; car les pères de famille recevaient au sort leur domaine familial. En cas de plainte justifiée, on redresse l'erreur en accordant à la famille une part supplémentaire prise sur la réserve.

Les personnes qui ont assisté à ces partages agraires ont été étonnées de l'esprit d'égalité qui y préside et de l'art des paysans arpenteurs. Haxthausen raconte que « le ministre des domaines de la couronne de Russie, le comte Kisseleff, a fait faire en plusieurs endroits du gouvernement de Woronïeje l'arpentage et l'estimation des terres par des arpenteurs et des taxateurs de profession, sachant leur métier à fond. Les résultats de ce travail prouvèrent que l'arpentage des paysans était en tous points, sauf quelques différences insignifiantes, parfaitement conforme à la vérité. Qui sait encore lequel des deux était le plus exact [1] ? »

Les pâturages, les forêts, les eaux, les droits de chasse et de pêche, d'autres usages et bénéfices, tels que impôts prélevés sur les caravanes, sur les marchands, etc.,

---

1. A. DE HAXTHAUSEN, *Études sur la situation intérieure, la vie nationale et les institutions rurales de la Russie*; édition française, 1847.

demeurent indivis, et leur jouissance est commune à
tous les habitants du village.

Bien que les terres arables soient partagées périodiquement entre les familles qui en possèdent les récoltes, cependant le village, c'est-à-dire l'ensemble des
familles qui le composent, conserve son droit de propriétaire. Les cultures se font sous la surveillance du
conseil des anciens ou de son délégué. « Une famille ne
peut cultiver à sa guise son lot, dit l'agronome Marshall,
parlant des villages collectivistes de l'Angleterre du
siècle dernier ; elle doit semer sur son champ le même
grain que les autres familles de la communauté[1]. »
Même lorsque la terre cesse d'être partagée, le propriétaire n'en possède que la surface ; « tout trésor trouvé
dans son champ ne lui appartient pas, mais revient à
la communauté : il en était de même pour les métaux
et le charbon, qu'on n'obtenait qu'en creusant la surface. Tous ces droits ont été volés par les seigneurs et
les rois, à leur seul profit[2]. » La concession perpétuelle des mines en France est un attentat contre le
droit communiste.

Le système de culture est généralement la rotation
des trois champs et parfois des quatre. Toutes les terres
arables du village sont divisées en trois parts égales,
qui alternativement sont ensemencées, la première avec
des grains d'hiver (blé et seigle) et la deuxième en
grains d'été (orge, avoines, pois, etc.) ; la troisième
année elles sont laissées en jachère.

Le genre de grains à semer, l'époque des semailles

1. MARSHALL, *Elementary and practical treatise on landed
property;* 1804.
2. F. ENGELS, *Socialism utopian and scientific* ; 1892.

et le moment de la moisson sont fixés par le conseil communal. Chaque village des Indes, rapporte Sir G. Campbell, possède un astrologue, dit Brahmine-calendrier, chargé de désigner les jours propices pour semer et récolter. Haxthausen, observateur intelligent et impartial des mœurs collectivistes du *mir* russe, constate que l'ordre le plus parfait, semblable à une discipline militaire, dirige les travaux des champs. Le même jour, à la même heure, tous les paysans se rendent à l'ouvrage, les uns pour labourer, les autres pour herser, etc., et tous reviennent ensemble. « Cette régularité n'est pas prescrite par le *staroste,* ancien du village, elle est le résultat de cet esprit de sociabilité qui distingue le peuple russe et du besoin d'union et d'ordre qui anime la commune. » Ces caractéristiques, qui étonnent le fonctionnaire prussien et qu'il croit spéciales au peuple russe, sont données par la forme collective de la propriété et ont été retrouvées partout.

Maine, qui, en sa qualité de jurisconsulte du gouvernement anglais aux Indes, a pu étudier de près les collectivités villageoises, dit : « Le conseil des anciens ne commande rien ; il déclare seulement la coutume : il ne promulgue pas ce qu'il croit avoir été commandé par une puissance supérieure : ceux qui sont les plus autorisés pour parler sur ce sujet, nient que les indigènes de l'Inde aient besoin d'avoir une autorité politique ou divine, comme base de leurs coutumes ; leur antiquité est considérée comme une suffisante raison pour les suivre aveuglément[1]. »

La discipline militaire dont parle Haxthausen est

1. H.-S. Maine, *Village communities in the East and the West.*

chose naturelle et non commandée, comme le sont les mouvements des soldats ou les manœuvres des travailleurs des *Bonanza farms*, ces colossales exploitations agricoles du Far-West américain.

La moisson terminée, les terres distribuées aux familles redeviennent propriété commune ; tous les habitants du village ont droit d'y envoyer paître leurs bestiaux. Cette coutume de remettre les terres en commun pour la *vaine pâture* s'est conservée en France longtemps après l'institution de la propriété privée du sol; les terres des nobles étaient soumises à ce droit coutumier. Les bourgeois du XVIIIe siècle se plaignaient amèrement de cette dernière trace de l'antique droit communiste : « Le droit de parcours et de vaine pâture, dit un lauréat de l'Académie de Besançon, atténue le droit de propriété. Tout héritage grevé de ce droit devient communal dès le moment que le propriétaire a enlevé la récolte, au jour qui lui a été indiqué. Sa propriété cesse à cette époque ; elle est interrompue pour être transmise au public[1]. »

Les terres n'étant, à l'origine, partagées qu'entre les pères de famille descendant des premiers occupants, chaque villageois doit connaître et pouvoir prouver son origine. Dans certaines communes de l'Inde, une classe spéciale de fonctionnaires existe pour dresser et préserver les généalogies ; ils peuvent réciter, sans en sauter un, tous les noms des ancêtres. Les registres des familles de l'Attique étaient soigneusement tenus ; y inscrire

---

1. ETHIS DE NOVÉAN, premier secrétaire de l'intendance de Franche-Comté, *Mémoire*, couronné par l'Académie de Besançon et publié dans la *Gazette du commerce, de l'agriculture et de la finance* de 1767.

un enfant qui n'appartenait pas légitimement à la tribu était sévèrement puni[1]. Les Bavarois et les Anglo-Saxons désignaient les terres des villages du nom de *terræ aviaticæ, alod parentum, genealogiæ;* et dans le latin barbare du moyen âge *genealogia* finit par signifier *proprietas, bona avita* et village (Du Cange) (*Lex Alamanorum*).

La terre, étant 'n bien des ancêtres, est par conséquent le bien des pères de famille qui les représentaient ; elle est la *patria,* le *fatherland,* la terre des pères ; dans les anciennes lois scandinaves *patrie* et *maison* sont synonymes : avoir une maison, donnait droit aux partages des terres, donnait une patrie. On ne possédait à cette époque de patrie et des droits politiques que si l'on avait droit au partage des terres : les pères et les fils de famille étaient seuls chargés de la défense de la patrie, qui était leur bien ; eux seuls avaient le droit de porter les armes. L'illogique civilisation capitaliste, qui entre en contradiction avec toutes les données du passé, confie la défense de la patrie à ceux qui n'y possèdent pas un pouce de terre, et accorde des droits politiques à ceux qui sont dépouillés de tous biens.

III

Origine de la propriété individuelle de la terre.

L'esprit logique du sauvage et du barbare pouvait arriver à concevoir la propriété individuelle d'un objet

---

1. Périclès, au faîte de la puissance, dut se défendre devant l'assemblée populaire d'Athènes d'avoir inscrit sur les registres de sa patrie un fils qu'il avait eu d'Aspasie, qui ne pouvait être sa femme légitime, puisqu'elle était une étrangère.

qu'on avait fabriqué et qu'on s'appropriait par un usage constant ; mais l'idée de posséder personnellement la terre qu'on n'a pas créée, et dont on ne se sert qu'une partie de l'année, ne pouvait entrer dans leurs têtes : de fait, cette idée n'a pénétré dans le cerveau humain que par une voie détournée.

La propriété foncière privée ne débute pas, comme le veut la théorie sentimentale de Rousseau, par le champ cultivé et entouré d'un enclos, mais par la terre sur laquelle repose la maison, et cela parce que la maison est considérée comme un objet mobilier, pouvant par conséquent être approprié personnellement par celui qui l'a construite et qui l'habite : aussi chez beaucoup de sauvages et de barbares elle est brûlée avec les autres biens mobiliers du défunt (armes, animaux favoris, etc.); le plus ancien droit d'Angleterre et plusieurs coutumes de France, entre autres celles de Lille (ch. 1er, art. 6), classent la maison parmi les biens meubles.

La liberté individuelle du sauvage et du barbare communistes est inviolable ; la maison, en sa qualité de bien approprié, jouit de l'inviolabilité de son propriétaire. Elle conserve cette inviolabilité longtemps après que l'homme a perdu la sienne. Dans des sociétés où le citoyen peut être emprisonné et même vendu en esclavage pour dettes, la maison reste inviolable ; personne ne peut y pénétrer sans le consentement du chef de famille. La justice du pays s'arrête à son seuil ; si un criminel s'y réfugie, ou si même il touche le loquet de sa porte, il est soustrait à la vindicte publique pour tomber sous celle du père, qui a le pouvoir législatif et exécutif dans l'enceinte familiale. Le sénat romain ayant condamné à mort, en 186 avant Jésus-Christ, des dames romaines, dont les orgies dyonisiaques compromettaient la moralité et la sécurité de la république, il dut remettre aux chefs de famille l'exécution de ses arrêts, car les femmes, enfermées dans leurs maisons, ne relevaient que de leur autorité et ne pouvaient être frappées par la loi. Cette inviolabilité était poussée à ce point, qu'un Romain ne pouvait réclamer l'assistance du magistrat et de la force publique pour réduire l'insubordination de son fils. Un bourgeois de Mulhouse échappait, au moyen âge, dans sa maison à la justice de la ville ; le tribunal était obligé de se transporter à sa porte pour le juger ; il lui était loisible de répondre aux questions qu'on lui posait ; et pour répondre il se mettait à la fenêtre. Le droit d'asile que possédèrent les temples païens et les églises chrétiennes était une transformation de cette inviolabilité domiciliaire : comme il sera dit plus loin, l'église était une maison commune.

Les maisons des villages barbares ne sont pas contiguës, mais isolées et entourées d'une bande de terrain : Tacite et, après lui, beaucoup d'historiens ont pensé que cet isolement était une mesure de précaution contre les incendies si dangereux, car d'ordinaire les habitations sont en planches et couvertes de chaume. Mais là ne semble pas être la raison de cette coutume si générale. On a vu que les territoires de chasse des tribus sauvages et barbares étaient limités par des zones neutres ; de même la résidence familiale, pour être plus indépendante des maisons avoisinantes, en était séparée par une bordure inoccupée. Ce terrain finit par faire corps avec la maison et par être déclaré propriété privée ; il fut alors enfermé dans un enclos de palissades ou de pierres sèches : les codes barbares le

nomment cour légale, légitime, *curtis legalis, hoba le-
gitima*. L'isolement de la demeure était jugée si indispensable, que la loi des Douze Tables réglemente à deux
pieds et demi l'espace à laisser entre les maisons de la
ville. (*Table* VII, § 1.)

Non seulement les habitations sont isolées, mais encore les lots de terre de chaque famille ; ce n'était pas
pour les préserver contre l'incendie qu'on prenait cette
précaution. La loi des Douze Tables fixe à 5 pieds la
largeur de la bande de terre qui devait être laissée inculte entre les différents champs. (*Table* VII, § 4.)

IV

Origine de la Justice et du Vol.

Le morcellement d'une partie de la propriété commune de la *gens* ou du clan en lots de terres attribués
temporairement aux familles, fut une innovation plus ré-
vo'ationnaire que ne le serait de nos jours le retour des
biens-fonds à la communauté. L'usage privé de la terre
et la possession individuelle de ses récoltes ne se sont
introduits qu'avec une extrême difficulté, et ils ne se
sont maintenus qu'en se plaçant sous la protection des
dieux et du «glaive de la loi ». La loi, doit-on ajouter,
n'a été inventée que pour les protéger. La justice qui
n'est pas la satisfaction de l'antique talion, de la vendetta, n'apparaît dans la société humaine qu'à la suite
de la propriété privée : car « *là où il n'y a pas de propriété, il ne saurait y avoir d'injustice*, dit Locke, est
une proposition aussi certaine que n'importe quel
théorème d'Euclide : l'idée de propriété étant un droit

à quelque chose, et l'idée à laquelle s'attache le mot
injustice étant l'invasion ou la violation de ce droit[1]. »
Linguet disait spirituellement à Montesquieu : « Votre
Esprit des lois n'est que l'esprit de la propriété. »

Des cérémonies religieuses imprimaient dans l'imagination superstitieuse des peuples primitifs le respect
de cette propriété privée si antipathique à leur nature
communiste. Les chefs de famille d'Italie et de Grèce, à
de certains jours de l'année, faisaient le tour de leurs
champs, suivant la bordûre inculte, poussant devant
eux les victimes, chantant des hymnes et offrant des
sacrifices aux bornes de pierre qui en marquaient les
limites, et qui chez les Romains étaient des dieux termes, et chez les Grecs des *bornes divines*. Le laboureur
ne devait pas approcher de la borne, de peur que « le
dieu, en se sentant heurté par le soc de la charrue, ne
lui criât : « Arrête, ceci est mon champ, voilà le tien. »
(Ovide, *Fastes*, II.) Jéhovah est obligé d'inculquer par
de nombreuses recommandations et menaces le respect
du champ d'autrui : « Tu ne transporteras pas la borne
de ton prochain. » (*Deutéronome*, xix, 2.) « Maudit qui
transporte la borne du prochain : tout le peuple lui
criera : « Amen ! » (*Ib.*, xxvii, 17.) Job, qui a l'âme d'un
propriétaire forcené, range parmi les pires des méchants ceux qui arrachent les bornes. (xxiv, 2.) Platon
oublie son idéalisme quand il s'agit de propriété :
« Notre première loi doit être celle-ci : que personne
ne touche à la borne qui sépare un champ de celui du
voisin, car elle doit rester immobile. Que nul ne s'avise
d'ébranler la pierre qu'on s'est engagé par serment à

_____

1. Locke, *Essay on the human understanding*, book IV, ch. iii,
§ 18.

laisser en place. » (*Lois*, VIII.) Les Étrusques appelaient toutes les malédictions sur la tête des coupables. « Celui qui aura touché ou déplacé la borne sera condamné par les dieux ; sa maison disparaîtra, sa race s'éteindra, sa terre ne produira plus de fruits; la grêle, la rouille, les feux de la canicule, détruiront ses moissons, ses membres se couvriront d'ulcères et tomberont en corruption[1]. » Ce n'était pas la fraternité que la propriété privée apportait à l'humanité.

Les anathèmes spirituels qui troublent si profondément l'imagination fantasque et désordonnée des peuples enfants, s'étant trouvés insuffisants à refréner l'habitude de prendre les objets dont on avait besoin, on dut recourir à des châtiments corporels d'une férocité inouïe, et lesquels étaient en opposition formelle avec les coutumes et les sentiments des sauvages et des barbares. Ils s'infligent les plus terribles tortures pour se préparer à leur vie de luttes incessantes, jamais elles n'ont le caractère de châtiments : ce sont les pères propriétaires qui ont inventé l'horrible *qui bene amat, bene castigat.* Le sauvage ne frappe pas son enfant : Catlin rapporte qu'un chef sioux lui disait avec étonnement « d'avoir vu sur la frontière des blancs qui fouettaient leurs enfants : une chose bien cruelle ».

Verser le sang de sa *gens,* tuer un de ses membres, est le crime le plus horrible que peut commettre un sauvage et un barbare : pour le venger, tout le clan doit se lever. Quand un membre du clan avait commis un meurtre ou tout autre méfait, pour qu'aucun autre membre ne se souillât en frappant le coupable, on l'ex-

1. Formule sacrée, citée par Fustel de Coulanges dans la *Cité antique.*

pulsait et on le vouait aux dieux infernaux. Longtemps après qu'Athènes était sortie de la barbarie, on ne pouvait trouver aucun citoyen pour remplir les fonctions répressives de la police ; on dut les confier à des esclaves, et on avait cet étrange spectacle de voir des hommes libres frappés par des esclaves.

La propriété marque son apparition en enseignant aux barbares à fouler aux pieds tous ces sentiments sacrés ; des lois frappant de la peine de mort sont édictées contre ceux qui attentent à la propriété. — Celui qui aura, la nuit, furtivement coupé ou fait paître des récoltes produites par la charrue, dit la loi des Douze Tables, s'il est pubère, sera dévoué à Cérès et mis à mort ; s'il est impubère, sera battu de verges à l'arbitraire du magistrat et condamné à réparer le dommage au double. Le voleur manifeste (c'est-à-dire pris en flagrant délit), si c'est un homme libre, doit être battu de verges et livré en esclavage ; — l'incendiaire d'une meule de froment doit être flagellé et mis à mort par le feu. (*Tab.*, VIII, §§ 9, 10, 14.) — La loi des Burgondes dépasse la féroce loi romaine : elle condamnait à l'esclavage la femme et les enfants âgés de plus de quatorze ans, qui ne dénonçaient pas immédiatement leur mari et leur père coupable d'un vol de chevaux ou de bœufs. (XLVII, §§ 1, 2.) La propriété introduisait la délation dans le sein de la famille[1].

---

1. La propriété est toujours féroce et sanguinaire : dans les pays très chrétiens et très philanthropiques, tout récemment encore les voleurs étaient pendus, après avoir été préalablement torturés, quand on avait le temps. Les faussaires de billets de banque étaient, il n'y a pas longtemps, condamnés à mort en Angleterre ; dans tous les pays civilisés ils sont punis des travaux forcés à perpé-

Ces exorcismes spirituels et ces châtiments corporels, qui se retrouvent chez tous les peuples, offrent partout la même férocité : ils témoignent des difficultés que rencontra la propriété privée à s'introduire dans les tribus communistes. C'est compréhensible, car avant l'introduction de la propriété collective consanguine, le sauvage considère comme lui appartenant tout ce qui appartient à son clan, et il en dispose selon ses besoins ou sa fantaisie. Les voyageurs qui ont été victimes de cette faculté de prendre tout ce qui est à leur portée ont traité les sauvages de voleurs, comme si le vol peut exister là où la propriété privée n'existe pas encore. Mais dès que la propriété collective fut constituée, l'habitude de s'emparer de ce que l'on voit et désire devient crime quand elle s'exerce sur les récoltes et les troupeaux des familles désagrégées de la *gens*, et pour combattre cette habitude invétérée, il faut recourir aux superstitions religieuses et aux châtiments corporels. L'inique et épouvantable Justice et les abominables codes sur les délits et les crimes ne font leur entrée dans l'histoire humaine qu'à la suite et comme conséquence nécessaire de la propriété privée.

V

Caractères de la propriété collective.

La famille patriarcale est une collectivité de familles : son chef avec ses frères, ses enfants et petits-enfants et leurs femmes et enfants vivent en communauté sous

tuité. — Le sang des hécatombes de juin 1848 et de mai 1871 fut versé sur l'autel de la Propriété.

son autorité. Le sort de la famille patriarcale est si intimement lié à la forme collective de la propriété, que celle-ci devient la condition essentielle de son existence ; et dès qu'elle commence à être morcelée, comme le fut la propriété commune de la *gens,* la famille patriarcale se désagrège : tous les ménages autrefois réunis et liés ensemble par la propriété collective s'établissent individuellement et fondent la famille moderne, réduite à sa plus simple et dernière expression ; elle n'est plus formée que par un seul ménage.

La famille et la propriété passent par les mêmes phases d'évolution. La *gens* est d'abord la famille commune de tous ses membres ; elle se segmente en familles matriarcales, puis patriarcales, qui sont des collectivités de ménages et qui à leur tour se fractionnent en ménages individuels. — La propriété commune se divise en propriétés collectives des familles matriarcales et patriarcales, et la propriété collective se transforme en propriété privée accaparée par un ou plusieurs des ménages individuels qui formaient la famille patriarcale.

Les sociétés antiques ont toutes reconnu l'importance de la propriété pour le maintien de la famille. Dans la terre classique de l'égalité, à Sparte, le citoyen qui avait perdu son bien familial ou l'avait diminué au point de ne pouvoir subvenir aux frais des repas publics, était exclu du cercle aristocratique des égaux (*omoioi*), qui seuls possédaient des droits politiques. L'État athénien veillait à la bonne administration de la propriété familiale ; un citoyen pouvait demander l'interdiction d'un chef de famille qui gérait mal ses biens. La propriété collective n'appartenait ni au chef de la famille

ni à ses membres existants, mais à la famille considérée
comme un être collectif qui ne meurt pas et qui se
perpétue de générations en générations : elle est le
bien de la famille du passé, du présent et de l'avenir.
Elle appartenait aux ancêtres qui y avaient leurs autels
et leurs tombeaux, aux vivants qui en étaient les usu-
fruitiers, chargés de continuer la tradition et d'entretenir le domaine familial en prospérité pour le transmettre aux descendants.

La maison était le noyau de la propriété familiale ;
la loi athénienne, qui autorisait la vente des terres, défendait celle de la maison. La propriété foncière était
inaliénable ; elle ne pouvait jamais sortir de la famille
ni être partagée entre ses membres ; elle devait se
transmettre de mâle en mâle : quand le père ne laissait
pas d'héritier masculin, l'héritière grecque épousait
un parent de son père, qui alors devenait l'héritier :
la loi des Francs et des autres tribus germaines dit :
« Si le défunt n'a pas laissé de fils, que l'argent et les
esclaves appartiennent à la fille, et la terre au plus
proche parent dans la ligne et descendance pater-
nelle. » (*Lex Thuringorum.*)

Le chef de famille, qui parfois était électif, adminis-
trait les biens ; il devait veiller à la bonne exécution
des cultures et à l'entretien de la maison, pourvoir
aux besoins des membres de la collectivité familiale ;
et il fallait qu'il transmît à son successeur la propriété
dans le même état de prospérité qu'il l'avait reçue à la
mort de son prédécesseur. Pour pouvoir remplir ces
charges, il était armé d'une autorité despotique ; il
était législateur, juge et bourreau ; il jugeait, condamnait et châtiait corporellement les individus placés sous

ses ordres; son pouvoir allait jusqu'à vendre en esclavage ses enfants et infliger la peine de mort à ses subordonnés, y compris sa femme, bien qu'elle eût la protection, précaire il est vrai, de sa propre famille.

La quantité de terres donnée à chaque collectivité familiale est d'ordinaire proportionnelle au nombre de ménages qui la constituent : le chef accroît ce nombre en mariant les enfants mâles en bas âge à des femmes adultes, qui deviennent ses concubines et les domestiques de la collectivité. Haxthausen rapporte avoir vu dans les villages russes de jeunes femmes, grandes et fortes, portant dans les bras leurs petits maris.

Cette phrase banale, *la famille est la base de l'État*, que répètent *ad nauseam* les moralistes et les politiciens depuis qu'elle a cessé d'être exacte, est à l'époque de la propriété collective l'expression de la vérité. Tout village établi sur la base de la propriété collective est un petit État vivant de sa vie propre[1]. Son gouvernement est le conseil des anciens, constitué par les chefs de famille, tous égaux en droits. Les communes de l'Inde, où le système de la propriété est arrivé à son plein développement, possèdent de nombreux fonctionnaires publics, qui sont des artisans (charrons, tisserands, tailleurs, porteurs d'eau, blanchisseurs, etc.), des maîtres d'école qui, pour enseigner à lire, tracent les lettres sur le sable, des généalogistes pour préserver l'origine et la descendance de chaque famille, des astrologues pour prédire les jours propices aux semailles et aux moissons, des pâtres pour conduire les trou-

---

1. Le paysan russe vit et meurt dans sa commune; tout ce qui est en dehors n'existe pas pour lui; aussi le mot *mir* signifie à la fois le monde et la collectivité de village.

peaux de tous les habitants, des brahmines et même
des danseuses pour les cérémonies religieuses : tous
ces fonctionnaires sont entretenus aux frais de la collectivité, et ils doivent donner gratuitement leurs services aux familles qui descendent des premiers occupants, et non aux étrangers qui sont venus s'établir
dans le village. Sir G. Campbell, entre autres choses
curieuses, remarque que le forgeron et plusieurs autres
artisans étaient plus rémunérés que le prêtre.

Le chef du village, élu à cause de son habileté, de
son savoir, de ses aptitudes administratives et aussi à
cause de ses connaissances en sorcellerie et magie, est
l'administrateur des biens de la communauté; lui seul
a le droit de commercer avec l'extérieur, de vendre le
superflu des récoltes et des troupeaux et d'acheter les
objets qui ne sont pas fabriqués dans la commune.
Ainsi que l'observe Haxthausen, — le commerce ne se
fait qu'en gros, ce qui est très avantageux, car le
paysan livré à lui-même se voit parfois obligé de vendre ses produits au-dessous de leur valeur réelle et à
une époque peu favorable pour leur vente. Au contraire, le commerce se trouvant entre les mains du
chef, il peut, par ses relations avec les autres chefs
des villages avoisinants, attendre, pour conclure ses
marchés, une hausse dans les prix, et profiter de toutes
les circonstances favorables. — On apprécie la justesse
de ces réflexions quand on sait de quelle façon les
petits cultivateurs français sont audacieusement dupés
par les marchands. Les bourgeois qui se sont jetés,
comme des sauterelles affamées, sur l'Algérie et la
Tunisie, pour voler et piller, ont été indignés de ne
pouvoir entrer en relations directes et individuelles

avec les Arabes, et d'être toujours obligés de traiter avec
les chefs de leurs petites collectivités ; ils se sont livrés
aux plus extravagantes déclamations sur le sort de ces
pauvres Arabes qui ne jouissaient pas de la liberté de
se laisser dépouiller par les commerçants européens.

Ces petites sociétés, organisées sur la base de la propriété collective, sont douées d'une vitalité et d'une
puissance de résistance qu'aucune autre forme sociale
n'a possédées à un pareil degré. — Les communautés
de village, dit lord Metcalf, qui les a étudiées en 1832
pendant sa vice-royauté aux Indes, sont de petites républiques, produisant à peu près tout ce dont elles ont
besoin et presque indépendantes du monde extérieur.
Elles durent là où rien n'a duré. Les dynasties s'é-
croulent après les dynasties, les révolutions succèdent
aux révolutions : les Hindous, les Patans, les Mogols,
les Mahratta, les Sicks et les Anglais sont tour à tour
les maîtres ; mais les communautés de village restent
toujours les mêmes. Dans les temps de trouble, elles
s'arment et se fortifient ; si une armée ennemie tra-
verse le pays, la communauté rassemble ses bestiaux
dans ses murs et la laisse passer sans provocation. Si le
pillage et la dévastation sont dirigés contre elles, et si
la force qui les attaque est irrésistible, elles fuient au
loin et se réfugient dans d'autres villages amis ; quand
l'orage est passé, elles reviennent reprendre leurs occupations. Si pendant une série d'années le meurtre et
le pillage désolent la contrée au point de la rendre
inhabitable, les villageois restent dispersés ; mais à la
première chance d'une occupation paisible ils retournent. Une génération peut s'éteindre, mais la génération suivante retourne. Les fils réoccupent les champs

de leurs ancêtres; le village aura la même situation, les maisons les mêmes positions, et les descendants les mêmes terres... Et ce n'est pas chose facile de les déloger; souvent ils tiendront ferme pendant de longues périodes de troubles et de convulsions et acquerront des forces suffisantes pour résister victorieusement au pillage et à l'oppression. — Plus loin, lord Metcalf constate avec une certaine tristesse que « ces communautés de villages, qu'aucun choc externe n'entame, sont aisément détruites par nos lois et cours de justice[1] ».

L'exploitation capitaliste ne peut tolérer à côté d'elle la propriété collective, qu'elle détruit impitoyablement et remplace par la propriété individuelle. Ce qui se passe de nos jours dans les Indes anglaises et en Algé-

---

1. *Report of select committee of the House of Commons*; 1832. La remarquable déposition de lord Metcalf est publiée *in extenso* dans le vol. IX. Sir H. S. Maine ne la mentionne pas dans son ouvrage sur les *Communautés de village,* et cet important document n'a pas été compris dans la publication des rapports de lord Metcalf faite en 1855 par W. Kaye.

Les juristes, les politiciens, les philosophes et les réformateurs religieux ont bien souvent discuté sur le droit absolu de propriété; ces discussions, bien qu'interminables, revenaient toujours au même point de départ : que la propriété avait eu la violence pour origine, mais que l'âge, qui enlaidit tout, l'avait embellie et sacro-sanctifiée. Personne n'avait eu l'idée d'étudier historiquement la propriété : les penseurs qui commettaient des philosophies sur le progrès de l'humanité auraient cru déchoir en s'occupant de l'existence matérielle de l'homme et de ses sociétés. Jusqu'à dernièrement, les historiens et les économistes ne soupçonnaient pas l'existence de la propriété collective.

Un fonctionnaire prussien, Haxthausen, voyageant en Russie vers 1840, en fit la découverte; mais il ne comprit pas son importance au point de vue historique; il crut que le *mir* était une réalisation des utopies saint-simoniennes alors à la mode. Bakounine et les libéraux russes refirent, après Haxthausen, la découverte du *mir*; et comme, en dépit de leur anarchisme amorphe,

rie s'est passé en France : les communautés de village qui avaient pu traverser toute la période féodale et arriver jusqu'à 1789 ont été désorganisées par l'action dissolvante des lois fabriquées pendant et après la Révolution bourgeoise. Le grand juriste révolutionnaire, Merlin *Suspect*, — ainsi dénommé parce qu'il fut le rapporteur de la loi des suspects, — eut à lui tout seul plus d'action pour détruire et disperser les biens communaux et pour en dépouiller les paysans, que les seigneurs féodaux pendant des siècles.

Outre les raisons d'ordre politique qui engagent les gouvernements despotiques à protéger l'organisation communale et familiale basée sur la propriété collective, il en existe d'autres d'ordre administratif tout

Bakounine et ses disciples russes sont des chauvins, ils annoncèrent que les Slaves étaient la race privilégiée qui devait guider l'humanité dans la voie du progrès ; ils prophétisèrent que le *mir*, cette forme primitive et épuisée de la propriété, devait être celle de l'avenir : il ne restait plus aux nations occidentales qu'à effacer leur civilisation et qu'à singer le collectivisme des paysans russes. En vertu du principe que ce que l'on voit le plus difficilement est ce qui vous crève les yeux, Haxthausen, qui avait su découvrir le *mir* en Russie, ne put apercevoir en Allemagne les restes si nombreux de la *mark* : il déclare la propriété collective une particularité de la race slave. Maurer a démontré depuis que les Germains avaient passé par la forme collective de la propriété, et après lui une légion de chercheurs ont retrouvé le collectivisme consanguin dans tous les pays et chez toutes les races. Cependant, avant Haxthausen, les fonctionnaires anglais aux Indes avaient signalé cette étrange forme de propriété dans les provinces qu'ils administraient ; mais leur découverte, enfouie dans des rapports officiels, n'avait obtenu aucune publicité : depuis que la question est à l'ordre du jour, on a constaté que les écrivains de la fin du xviiie siècle connaissaient la propriété collective, entre autres Le Grand d'Aussy, Volney, François de Neufchâteau, etc. ; mais elle n'était pour ces derniers qu'une curiosité ou une grossière anomalie.

aussi importantes. Les communes collectivistes formant autant d'unités administratives, représentées par les chefs qui les dirigent et trafiquent en leur nom; le gouvernement rend ces derniers responsables de la rentrée des impôts, du recrutement de la milice, et leur impose d'autres fonctions qui ne sont pas rétribuées. En Russie, le gouvernement impérial prête son appui au conseil communal et exécute ses décisions, incorporant dans les armées et expédiant en Sibérie ceux qui ne se conduisent pas au gré des anciens[1]. Les rois de France d'avant 89 firent des efforts, souvent couronnés de succès, pour défendre les biens communaux et pour protéger les privilèges des paysans et leurs associations communistes, qui avaient survécu à leur transformation de propriétaires libres en serfs.

L'organisation communiste de la *gens* et la propriété

---

1. Des socialistes russes croient au maintien du *mir;* ils le désirent, pensant qu'il serait plus aisé d'établir le communisme agraire avec une classe paysanne vivant en collectivité. Un gouvernement révolutionnaire, profitant des sentiments communistes que développe la propriété collective, pourrait en effet prendre des mesures pour nationaliser le sol et pour organiser son exploitation sociale. Mais malheureusement il est plus que douteux qu'un pouvoir révolutionnaire et socialiste puisse s'imposer en Russie, tant que la propriété collective reste le fait général. En effet, les villages collectivistes sont autonomes; ils produisent dans leur propre sein tout ce dont ils ont besoin et ne rentrent en relation entre eux que très imparfaitement, et il est toujours facile à un gouvernement quelconque d'étouffer toute velléité de fédération : c'est ce qui est arrivé aux Indes. L'Angleterre, avec 50,000 hommes de troupes européennes, courbe sous sa domination un empire aussi vaste et plus peuplé que la Russie. Les communautés indiennes, sans lien fédératif entre elles, ne peuvent offrir aucune force de résistance. On peut donc dire que la vraie base du despotisme est précisément la propriété collective et l'organisation familiale et communale qui lui correspond.

collective, bien que celle-ci restreignît le communisme à un nombre de ménages cohabitant sous le même toit, se perpétuèrent chez les serfs, qui dans leurs hameaux faisaient étables et greniers communs. Les demeures de ces communautés de serfs se groupaient fréquemment au pied des châteaux forts et étaient désignées sous le nom de *cellæ*, Celles, que portent encore un grand nombre de villages. Redevenus libres, les serfs continuaient à vivre en communautés, et jusqu'à la Révolution les terres seigneuriales furent cultivées par des associations communistes de cultivateurs, et les nobles y trouvaient leur compte. Loin de chercher à briser ces organisations communistes, ils les imposaient aux paysans à qui ils octroyaient des terres en toute propriété, aussi bien qu'à ceux à qui ils donnaient leurs champs à cultiver. Perreciot (t. Ier, ch. v) mentionne un édit de 1549 pris conjointement par le clergé et la noblesse de Bourgogne, qui interdisait aux paysans sortant de mainmorte de devenir propriétaires de terres s'ils ne se constituaient en communautés. Dalloz (*Jurisprudence générale*) rapporte un contrat du xviie siècle dans lequel un seigneur de La Marche donne ses terres en métayage perpétuel, à la condition « que les paysans preneurs ne feraient qu'un *même pot, feu et chanteau de pain* et vivraient en communauté perpétuelle ». Dunod, un juriste du xviiie siècle, dans son *Traité de la mainmorte*, explique la raison de cette exigence des seigneurs : « On établit la communion entre les cultivateurs, dit-il, parce que les terres de la seigneurie sont mieux cultivées et parce que les sujets sont mieux en état de payer les droits du seigneur quand ils vivent en commun, qu'en ménages séparés. » Et les capitalistes nous disent que les travailleurs qui vivraient en communisme seraient, comme eux-mêmes, fainéants et incapables de faire rien qui vaille !

VI

Communautés paysannes.

Les économistes, dont la vue ne s'étend pas au delà de leur nez, prennent le paysan propriétaire moderne, détérioré par la propriété individuelle, pour le type éternel du cultivateur, et assurent gravement qu'il est et qu'il a été par conséquent toujours réfractaire au communisme, qu'il n'a pu et ne pourra jamais travailler en commun et consommer en commun le fruit de son travail. Cette assertion fantaisiste a été si souvent répétée qu'elle a fini par être classée au nombre des vérités vraies de la sagesse bourgeoise; cependant, pour constater sa fausseté, il ne faut qu'ouvrir Beaumanoir et Guy Coquille, qui, placés à trois siècles de distance l'un de l'autre (Beaumanoir est du XIIIe siècle, et Coquille du XVIe), ont recueilli de nombreux documents sur les communautés paysannes de France.

Les *parçonniers* ou *compains* (vivant au même pain) qui formaient les sociétés communistes que Coquille nomme *mesnages des champs* ét qui entreprenaient la culture des terres seigneuriales, des *bourdeilages,* « qui sont terres chargées de revenus », étaient les descendants des *consortes* barbares, ayant droit au même sort, c'est-à-dire à la même distribution de terres par le sort. Laferrière ne s'est pas trompé sur leur origine quand il fait remonter « cette coutume de se mettre en commu-

nauté aux manières d'être de la société barbare avant
l'invasion » et qu'il y voit « des traces de l'ancien clan
celtique ». (*Histoire du droit français.*) Cette opinion est
d'autant plus exacte que ces communautés ne comprenaient que des personnes de même origine, et plus
tard, lorsqu'elles s'ouvrirent à des personnes non apparentées, un grand nombre de coutumes exigeaient
une convention expresse (coutumes de Dreux, de Char-
tres, etc.) pour l'admission des étrangers.

Cependant quand, par suite des troubles qui, durant
des siècles, bouleversèrent le pays, les familles furent
brisées et leurs membres dispersés, l'habitude de vivre
en communauté était si invétérée chez les villageois,
qu'elle se formait par simple cohabitation. « Compagnie se fait par notre coutume, dit Beaumanoir, par
solement manoir ensanble à un pain, et à un pot, un
an et un jor, puisque li meubles de l'un et de l'autre
sont mêlés ensanble. » Ce n'est pas une association
dont les clauses se mesurent, se discutent avant toute
action commune ; elle naît *tacitement,* selon l'expression du moyen âge, du simple fait de la vie commune
pendant un temps très court.

Les familles qui « demenaient le mesnage des champs
qui est fort laborieux », dit Coquille, se composaient
d'un grand nombre de personnes, « les unes servant
pour labourer et toucher les bœufs, animaux tardifs, et
communément faut que les charrues soient tirées de six
bœufs ; les autres pour mener les vaches et juments en
champs, les autres pour mener les brebis et moutons,
et les autres pour conduire les porcs. » Ces détails sont
les indices d'importantes exploitations agricoles com-
binant l'élevage et la culture. « Toutes les personnes

sont employées chacune selon son âge et sont régies
par un seul, qui se nomme *maistre de communauté*, es-
leu à cette charge, lequel commande à tous les autres...
Il est le premier assis à table,... va aux affaires qui se
présentent ès villes ou ès foyres et ailleurs, a pouvoir
d'obliger ses parçonniers en choses mobiliaires, qui
concernent le fait de la communauté, et lui seul est
nommé aux rolles des tailles et autres subsides. » Ces
maîtres de communautés, paysannes remplissaient,
comme on le voit, toutes les fonctions des chefs de
village de l'Inde et des starostes du mir russe.

« En ces communautés on fait compte des enfants qui
ne savent rien faire, pour espérance qu'on a qu'à l'ad-
venir ils feront ; on fait compte de ceux qui sont en vigueur d'âge pour ce qu'ils font ; on fait compte des vieux
pour le conseil et pour la souvenance qu'on a de ce qu'ils
ont fait. Et ainsi de tous âges et de toutes façons ils
s'entretiennent, comme un corps politique qui par su-
brogation doit durer toujours... Par ces arguments se
peut connaître que ces communautés sont vraies familles et collèges ; qui par consideration de l'interêt sont
comme un corps composé de plusieurs membres, combien que les membres soient séparés l'un de l'autre ;
mais par fraternité, amitié, liaison économique font un
seul corps. »

On retrouve dans presque toute la France des traces
de ces communautés paysannes, que Coquille compare à
un corps dont les membres dispersés sont unis par des
sentiments et des intérêts[1]. Guérard les signale parmi

1. Doniol dit que « la majeure partie des villages, mas, hameaux et tenements désignés sur les cartes, dans les cartulaires
et les usages locaux, s'ils portent des noms précédés de l'article

les colons et les serfs qui, au ixe siècle, cultivaient les
terres de l'abbaye de Saint-Germain des Prés, et elles
persistent jusqu'à la veille de la Révolution. Mais
les propriétaires fonciers de la deuxième moitié du
xviiie siècle, au lieu de les protéger ainsi que le faisaient
les anciens nobles, les dénonçaient comme nuisibles au
bon rendement de leurs terres, et réclamaient leur dissolution, en même temps que l'abolition des droits séculaires que les paysans avaient conservés, alors même
qu'ils avaient perdu leurs terres, enlevées par les seigneurs féodaux. La Révolution, que les historiens bourgeois représentent comme faite au profit des paysans,
les a spoliés de leurs droits et a désorganisé leurs communautés.

Le procès-verbal des séances de l'assemblée provinciale du Berry de l'année 1787 contient un *rapport sur
les causes de la langueur du Berry* qui résume les principaux griefs des propriétaires contre les paysans et
leurs « mesnages des champs ».

La première cause de cette langueur est la paresse
de la classe laborieuse. « Ce vice des travailleurs du
Berry doit-être bien ancien, puisque entre les privilèges
accordés au corps municipal de Bourges, nous en trouvons un, que nous ne savons pas avoir été jamais de-
mandé par aucune ville d'Europe, celui de régler tous
les ans les salaires des vignerons et de fixer tous les
ans le nombre d'heures qu'ils doivent travailler. » Le
rapport pèche par ignorance, car partout en France et

lès, quand ces noms ne rappellent pas uniquement un accident
de terrain particulier du sol, représentaient dans les campagnes
les lieux d'habitations de ces communautés. » (Henri Doniol, *Histoire des classes rurales en France ;* 1865.)

P. Lafargue. — Étude.   23

même en Europe les propriétaires s'étaient arrogé
le droit de fixer un maximum de salaire et un minimum
d'heures de travail, qu'ils imposaient par la force aux
travailleurs des villes et des champs : aujourd'hui ce
sont les ouvriers qui réclament la fixation d'un minimum de salaire et d'un maximum d'heures de travail :
ce simple fait suffit à lui seul pour montrer combien la
condition des ouvriers a empiré depuis 1789.

Tout conspire à entretenir cette maudite paresse qui
désespère MM. les propriétaires, ces foudres de travail.
« La coutume du Berry, rédigée par des hommes attachés à leurs anciens usages et qui ne connaissaient
rien de mieux, » statue que « les lieux non cultivés, qui
sont en charmes, friches, bruyères et buissons, ne sont
pas défensables en quelque temps que ce soit;... que le
bois, après 3 ans au mois de may,... que les pâturages
du 15 juillet au 15 mars ne sont pas défensables », c'est-
à-dire que, comme aux temps de la propriété collective,
ils restent ouverts aux bestiaux des paysans. « Il résulte
de ce que nous venons de dire que nul n'est parfaitement et exclusivement propriétaire au Berry » et que
la coutume « a eu pour but d'assurer au bétail une subsistance telle quelle sans que les maîtres eussent besoin de se donner aucune peine pour sa nourriture ».
Le droit de clôturer leurs champs est la grande récla-
mation des propriétaires avant la Révolution.

Mais ce sont les communautés qui excitent l'indignation des propriétaires berrichons. « La plupart des familles s'amoncellent dans des communautés... Il n'est
pas rare de trouver trois ou quatre femmes mariées
vivant en communauté... A la communauté de biens
entre mari et femme, les rédacteurs de la coutume ont

ajouté celle de communauté *taisible* entre frères et
sœurs, ou autres personnes demeurant ensemble par
demeurance et dépenses communes, avec des commu-
nications de gains, de profit et de perte... Il résulte
des continuations de communauté presque interminables et d'autant plus difficiles à faire cesser qu'elles
avaient duré plus longtemps.

« ... Chaque communauté doit avoir son maître et
une matrone... L'usage est qu'entre frères et sœurs le
maître soit l'aîné, et la maîtresse la femme du cadet :
voilà donc une république dans laquelle on a cherché
à établir l'équilibre du pouvoir... Chacun a la prétention de profiter du bénéfice de l'association, lequel con-
siste à être logé, nourri, chaussé, habillé par dépenses
communes, et souvent aux dépens du propriétaire...
Il en résulte que le propriétaire nourrit beaucoup de
monde sans que sa propriété soit en meilleure valeur, et qu'avec beaucoup de bras il se fait peu d'ouvrage. Ajoutez aux bras engourdis par la paresse le
nombre de bouches inutiles qui doivent se trouver là
où il y a trois ou quatre femmes faisant des enfants, et
vous concevrez comment, malgré la fertilité et l'étendue des labourages, la terre ne produit souvent en
grains que ce qu'il faut pour nourrir la famille du colon.

« Dans ces républiques telles que nous venons de
les décrire, il doit régner une grande anarchie. Le
maître y jouit cependant d'un assez grand pouvoir :
il vend, achète, brocante, va et vient autant et comme
il veut; c'est un homme perdu pour le travail... Enfin
là où il y a beaucoup de loisirs, il faut des passe-temps.
Le plaisir de ne rien faire est très doux sans doute
pour des hommes tels que nous venons de les décrire;

mais aussi il faut des amusements pour charmer l'oisiveté d'une grande partie de la journée. L'un a du goût pour la pêche : il est le pêcheur de la communauté; un autre a du goût pour la chasse au fusil, il en est le chasseur ; un autre aime à tendre des collets ou à dresser des sauterelles, et il passe quatre à cinq heures de la journée à les tendre et à les visiter : on le lui pardonne sans peine, pourvu qu'il rapporte de quoi faire bonne chère. » Si les communautés n'enchantaient pas les propriétaires bourgeois du XVIIIe siècle, elles réussissaient à créer le bien-être des cultivateurs, autrement heureux et indépendants que les propriétaires-paysans, pour qui la révolution de 89 a été faite, au dire des historiens et des politiciens bourgeois.

La propriété collective qui entretenait les instincts communistes des paysans de France et d'Europe les garantissait contre la misère. « Le prolétariat est inconnu en Rusie, écrivait Haxthausen, et tant que cette institution (le *mir*) existera, il ne pourra jamais se former. Un homme peut y devenir pauvre et dissiper sa fortune, mais les malheurs ou les fautes du père ne sauraient y atteindre les enfants; car ceux-ci, ne tenant pas leurs droits de la famille, mais de la commune, n'héritent pas de la pauvreté de leur père. » C'est précisément ce garantisme contre la misère et le prolétariat qui rend la propriété collective odieuse à la bourgeoisie, dont la fortune ne repose que sur la pauvreté ouvrière.

La propriété collective, remarquable par la vitalité et l'indestructibilité des petites sociétés paysannes qu'elle fait vivre, par le bien-être qu'elle apporte aux cultivateurs et par les sentiments élevés d'hospitalité, de solidarité et de fraternité qu'elle développe chez eux, l'est encore par la grandeur de ses œuvres. L'Europe a été défrichée et cultivée non par des moines, comme le raconte la légende religieuse, mais par des barbares collectivistes [1] : à mesure que dans un village la popu-

1. Les moines et les prêtres participaient à la culture des terres en mangeant et en buvant les nombreuses redevances qu'ils prélevaient sur leurs serfs, colons et vassaux, et en chantant avec plus de ferveur que les louanges du Seigneur le

> *Vinum bonum et suave*
> . . . .
> *Mundana lætitia.*
> . . . .
> *Ave, placens in colore,*
> *Ave, fragrans in odore,*
> *Ave, sapidum in ore,*
>   *Dulce linguæ vinculum.*
> . . . .
> *Monachorum grex devotus,*
> *Omnis ordo, omnis mundus*
> *Bibunt ad æquales potus*
> *Et nunc et in sæculum.*
> . . . .
> *Felix venter quem intrabis,*
> *Felix lingua quam rigabis,*
> *Felix os quod tu lavabis,*
>   *Et beata labia.*
> *Supplicamus, hic abunda,*
> *Per te mensa sit facunda,*
> *Et nos, cum voce jucunda,*
>   *Deducamus gaudia !*

Le vin bon et suave —... joie du monde — ... salut, toi qui plais par ta couleur, — salut, toi qui embaumes par ton arome, — salut, toi qui est savoureux dans la bouche — doux lien de la langue. — Des moines la troupe dévote, — tous les ordres, tout le monde, — boivent à l'envi — maintenant et toujours. — Heureux le ventre où tu entreras, — heureuse la langue que tu baigneras, — heureuse la bouche que tu laveras, — et bienheureuses les lèvres. — Nous te supplions d'abonder ici ; — à nos banquets donne la faconde ; — pour nous, chantant gaiement, — menons joyeuse vie !

Des variantes de cette chanson, reproduite par Edelestand du

lation s'accroissait, la part de chacun diminuait nécessairement dans les partages des terres ; pour trouver de
nouvelles terres arables, on entamait les forêts. « Ces
défrichements, dit Kovalewsky, sont rarement l'œuvre
de ménages isolés. Des bandes entières occupent le sol
de compagnie après l'avoir gagné à la culture par
leurs efforts réunis... Des faits de ce genre sont con-
signés dans les chartes russes du XVIe et du XVIIe siècle.
Ils se reproduisent même de temps en temps encore
de nos jours, la commune métropole se refusant à
reconnaître le droit de propriété individuelle sur les
essarts et *purprises,* mots qui dans l'ancien droit français désignaient ces appropriations de terrains vagues [1]. » Comme exemple des grandes œuvres accom-
plies par les collectivités paysannes, on peut citer les
merveilleux travaux d'irrigation des Indes et les cultures en terrasses sur le versant des montagnes de Java,
couvrant, d'après Wallace, des centaines de kilomètres
carrés : « Ces terrasses sont augmentées d'année en
année, à mesure que la population grandit, par les
habitants de chaque village travaillant ensemble sous
la direction de leurs chefs : et peut-être que seul ce
système de culture par village était capable de rendre
possible une telle multiplication de terrasses et de canaux d'irrigation [2]. »

Meril, dans *les Poésies populaires latines du moyen âge,* ont été
trouvées dans les couvents de France, d'Allemagne et d'Écosse.

1. M. Kovalewsky, *Tableau des origines de la famille et de la
propriété;* Stockholm, 1890.

2. A.-R. Wallace, *The Malay Archipelago;* 1869.

VII

Fractionnement de la propriété collective.

La propriété collective, née du morcellement de la propriété commune lorsque la *gens* se fractionne en familles matriarcales ou patriarcales, se morcelle à son tour en propriété individuelle lorsque les ménages réunis des familles patriarcales se dissocient.

Les morcellements successifs de ces deux formes de propriété immobilière ont été déterminés par le fait de la propriété mobilière, l'agent le plus actif des transformations de la propriété foncière dans le passé comme dans le présent.

L'individualisation de la propriété foncière ne pouvait se produire qu'à la suite de l'individualisation de la propriété mobilière, qui par sa nature se prête à la personnalisation. Les mères de famille qui vivaient en commun dans la demeure commune de la *gens* emportèrent en se séparant leurs quelques objets mobiliers et se construisirent des habitations isolées, qui, vu leur construction rudimentaire, étaient en réalité des objets mobiliers et furent considérés tels. La terre sur laquelle elle s'élevait acquit la qualité de propriété individuelle, parce qu'elle faisait corps avec elle; la maison étendit cette qualité au terrain qui l'environnait, lequel, enclos de palissades ou de murs de pierres sèches, constitua avec la maison le bien-fonds de la famille, qui devait s'agrandir aux dépens de la propriété collective.

Cet agrandissement se fit rapidement, grâce à l'accroissement et à l'accumulation des biens mobiliers dans les villages et les bourgades situés dans des positions favorables au développement du commerce. L'égalité entre les familles patriarcales du village fut détruite : les unes s'appauvrirent et s'endettèrent, tandis que les autres s'enrichissaient et employaient leurs richesses à accaparer les terres de la collectivité : les lots de terres de familles endettées furent attribués à leurs usuriers.

L'action des richesses se faisait également sentir dans la famille patriarcale elle-même. Au début, tous les biens sont communs : aucun membre de la famille ne possède rien individuellement, si ce n'est les objets appropriés à son usage personnel; dans les familles des villages collectivistes de l'Inde, les pièces de monnaie ne sont pas employées à un trafic quelconque; ce sont des objets de luxe que l'on coud aux vêtements. Tout ce que l'on acquiert est rapporté à la masse commune. « En quelque lieu que soit conduite la vache, c'est toujours à la maison qu'elle vêle, » dit un proverbe slave; ce qui signifie : de quelque manière que l'individu s'enrichisse, il doit partager son bien avec la collectivité familiale. Ce n'est que justice, puisque, à moins d'être chassé pour crime ou autre cause grave, tout membre de la famille a droit à tout ce qu'elle possède : il peut partir, rester absent pendant des années; quand il revient, il retrouve sa place dans la maison.

Le *peculium castrense*, le butin de guerre, est le premier bien mobilier qui fut approprié individuellement à Rome, comme dans les pays slaves; peu à peu le même privilège s'étendit aux biens acquis dans le service de l'État et de l'Église et aux objets apportés en dot par la femme ; en sorte qu'après le *peculium cas-trense,* il se forma le *peculium quasi castrense.* Il fut permis de trafiquer avec ce pécule, que pouvaient amasser les esclaves et qui ne tarda pas à se composer de bestiaux, d'esclaves, de bijoux, d'argent et même de biens-fonds. L'inégalité entre les membres et les ménages de la famille collectiviste s'introduisit avec les richesses : l'harmonie familiale fut détruite ; chaque ménage eut des intérêts individuels et parfois opposés à ceux des autres ménages, qui finirent par se dissocier et s'établir individuellement. La famille telle que nous la connaissons est alors fondée.

L'évolution de la propriété collective et de la famille qui lui correspond se fait avec une extême lenteur dans les villages qui ne deviennent pas des centres de commerce et d'accumulation de richesses mobilières. Il semble que cette forme de propriété durerait des siècles, si elle n'était pas ébranlée par des chocs extérieurs. En effet, les communes collectivistes forment des unités économiques, qui produisent dans leur sein tout ce dont elles ont besoin pour la vie matérielle et intellectuelle de leurs membres, et par contre il s'y produit fort peu d'éléments perturbateurs de leur harmonie : là tout se fait d'après la tradition, conservée par les anciens et transmise de générations à générations, comme le plus précieux des héritages. Aussi, quand une collectivité de village parvient à ce degré de développement agricole et industriel et qu'elle pourvoit aux besoins simples et peu nombreux de ses habitants, il semble qu'elle ne peut trouver en elle-même de causes d'évolution ; ce n'est que par le contact du monde extérieur qu'elle se met en mouvement.

23.

Les gouvernements despotiques se chargent de leur donner le choc qui les met en branle; ils sont les véritables destructeurs de la base sur laquelle repose le despotisme.

Les charges fiscales, dont on peut constater l'influence néfaste dans les Indes anglaises, sont parmi les causes les plus actives qui introduisent la misère et la désorganisation dans les villages collectivistes.

Les impôts sont d'abord payés en nature, et proportionnellement au rendement des récoltes; mais ce mode de payement ne peut convenir aux gouvernements qui se centralisent : ils exigent les impôts en espèces et en fixent le taux d'avance, sans tenir compte de l'état des moissons. Pour les payer, les villageois sont souvent obligés de s'adresser aux usuriers, la peste des collectivités de village : ces bêtes immondes, que soutiennent les gouvernements, les volent indignement; ils transforment les cultivateurs en propriétaires purement nominaux, ne travaillant que pour s'acquitter de leurs dettes, qui s'accroissent à mesure qu'ils les payent. Le mépris et la haine qu'ils inspirent sont intenses et générales : la campagne antisémite n'a soulevé tant de passions dans les villages russes et n'a occasionné des scènes si tumultueuses et si sanguinaires, que parce que le paysan confondait le juif avec l'usurier : beaucoup de chrétiens qui tondaient les cultivateurs aussi ras que le plus circoncis des fils d'Abraham ont été pillés et massacrés.

Mais le morcellement de la propriété collective peut se produire naturellement, comme conséquence des progrès de l'agriculture. A mesure que les procédés de culture se perfectionnent et que les produits agricoles

trouvent des débouchés, les cultivateurs s'aperçoivent
qu'il faut plus d'une année pour récolter les bénéfices
des travaux et des engrais incorporés dans les terres
reçues en partage. Ils demandent qu'on recule les partages à 2, 3, 7 et 20 ans : le gouvernement russe dut
les imposer aux époques des recensements; les *moujiks*
les appelèrent « partages noirs », c'est-à-dire mauvais,
pour indiquer combien ils étaient antipathiques aux
familles, qui finissaient par se considérer propriétaires
des terres distribuées au dernier partage. Aussi, remar-
que-t-on que ce sont les terres arables, celles sur
lesquelles on fait des amendements, qui, les premières, arrivent à n'être plus partagées qu'après une longue période d'années et qui finissent par s'immobiliser
dans les familles, tandis que les prairies continuent à
être divisées annuellement; et avant que les terres
arables ne deviennent propriété privée des familles,
les arbres qui croissent sur les terres communes, soumises aux partages, appartiennent à ceux qui les ont
plantés.

Les chefs de familles des villages collectivistes sont
tous égaux, parce que tous originairement appartiennent à la même *gens* : les étrangers qui viennent y
résider, comme artisans ou prisonniers de guerre, au
bout d'un certain temps de séjour, et après avoir reçu
le droit de cité qui correspond à l'ancienne adoption
dans la *gens*, reçoivent des terres en partage, ainsi que
les descendants des premiers occupants. Cette adjonc-
tion d'étrangers n'est possible qu'à la condition que le
village s'accroisse lentement et que les terres disponi-
bles soient abondantes; les communes trop peuplées
sont forcées d'essaimer, d'envoyer au loin des colonies

et de défricher les foréts avoisinantes; parfois chaque
famille a la faculté de défrichement en dehors d'un
certain rayon, et pendant un temps plus ou moins long
elle est regardée comme propriétaire du terrain mis
en culture.

Mais la ressource des terres incultes et abondantes
manque vite aux villes situées au bord de la mer, le
long des fleuves et à l'entrecroisement des routes, et qui
par leur position attirent un grand nombre d'étrangers.
Dans ces villages qui se transforment en petites villes,
le droit de cité est difficile à obtenir, et pour y posséder
le droit de séjour, il faut payer certaines redevances[1].
Les nouveaux venus sont exclus des partages agraires,
de l'usage des communaux et de l'administration de la
ville : ces droits sont uniquement réservés aux descendants des premiers occupants, qui constituent un corps
privilégié, une aristocratie communière, le patriciat
municipal, en opposition, d'un côté avec l'aristocratie
féodale, et de l'autre avec les artisans, toujours des
étrangers, au moins d'origine, qui, pour se défendre
contre le despotisme et les vexations continuelles de
l'aristocratie communière, s'organisèrent en corporations de métiers. Cette division des habitants de la cité
fut pendant tout le moyen âge une cause de luttes
intestines parfois sanglantes.

Tandis que dans les campagnes grandissait la pro-

1. Rivière cite une ordonnance de 1223 qui décrète que tout
étranger, pour avoir le droit de séjour à Reims, doit payer un
quart de setier de blé et une poule à l'archevêque, 8 écus au
maire et 4 aux échevins. L'archevêque est le seigneur féodal; sa
redevance est comparativement légère; tandis que celles du
maire et des échevins, qui font partie du patriciat communier,
sont très onéreuses pour l'époque.

priété féodale aux dépens de la propriété collective, dont elle devait porter la marque jusqu'à sa transformation en propriété bourgeoise; dans les villes, devenues des centres actifs de production et de commerce, grandissaient et s'accumulaient les richesses mobilières, qui, sur les ruines de la propriété collective et de ses organisations communistes, devaient dresser la propriété individuelle.

CHAPITRE IV

LA PROPRIÉTÉ FÉODALE

I

L'organisation féodale.

La propriété féodale se présente sous deux formes : une immobilière, dite *corporelle* par les feudistes, consistant en un château ou manoir avec ses accins, préclôtures et terres environnantes, « aussi loin qu'un chapon pouvait couvrir d'une seule volée ; » — une mobilière, dite *incorporelle*, consistant en services militaires, corvées, dîmes et redevances diverses.

La propriété féodale, dont la propriété ecclésiastique n'est qu'une variété, naît au milieu de communautés de villages basées sur la propriété collective, et s'agrandit à ses dépens ; et, à la suite d'une série de transformations séculaires, elle aboutit à la propriété bourgeoise, la vraie forme de la propriété individuelle.

La propriété féodale et l'organisation sociale qu'elle engendre servent de passage entre le collectivisme familial, ou plus exactement consanguin, et l'individualisme bourgeois.

Dans les temps féodaux la propriété et le propriétaire ont des servitudes et n'ont pas acquis l'indépendance bourgeoise, le droit d'user et d'abuser. La terre
n'est pas achetable et vendable, elle est grevée de
servitudes et se transmet d'après des coutumes et des
lois, que le propriétaire ne peut enfreindre : — le propriétaire est tenu de remplir des devoirs envers ses
supérieurs et ses inférieurs hiérarchiques.

La féodalité dans son essence est un contrat de services réciproques : le baron ne possède une terre et
des droits sur le travail et les récoltes de ses serfs et
vassaux, qu'à la condition de rendre des services à
son supérieur et à ses inférieurs. Le seigneur féodal,
en recevant « la foi et l'hommage » de son vassal,
« s'engageait à le protéger envers et contre tous, et à
l'aider en toutes circonstances » : — le vassal, pour
s'assurer cette protection, devait suivre en guerre son
seigneur et lui payer certaines redevances en services
personnels et en dîmes sur ses moissons et animaux
domestiques [1]. Le baron, pour trouver, en cas de be-

1. *The Vision of Piers the Plowman.* (la vision de Piers le laboureur), composée quelques années avant la révolte des paysans de
Kent, qui s'emparèrent de Londres en 1380, rappelle aux nobles
leurs devoirs envers les serfs et les vassaux qui les nourrissaient.
Piers dit au chevalier :

> *Ye profre yow so faire*
> *That I shall swynke, and swete, and sow for us bothe,*
> *And other laboures do for thi love al my lyf-tyme,*
> *In convenant that thow kepe holik irke and myselve*
> *Fro wastoures and fro wikked men that this world struyeth.*

Ce que vous offrez est si juste, — que je travaillerai et suerai
et sèmerai pour nous deux, — et autres labeurs ferai pour ton
amour toute ma vie durant, — sous condition que tu protèges
la sainte Église et moi-même — contre les dévastateurs et les
hommes méchants qui courent le monde.

soin, aide et appui, se rattachait à un seigneur plus puissant, qui à son tour était le vassal d'un des grands feudataires du roi ou de l'empereur.

Tous les membres de la hiérarchie féodale, qui partait du serf pour s'élever jusqu'au roi ou à l'empereur, étaient étroitement reliés par des devoirs réciproques. Le devoir alors, comme le lucre aujourd'hui, était l'âme de la société. Tout était mis en contribution pour l'imprimer profondément dans le cœur des grands et des petits. La poésie populaire, ce premier et puissant moyen d'éducation, faisait du devoir une religion. Roland, le héros épique de la féodalité, assailli et accablé par les Sarrasins à Roncevaux, réprimande de la sorte son frère d'armes Olivier, qui se plaint d'être abandonné par Charlemagne :

> ..... *Ne dites tel ultrage.*
> *Mal seit de l'coer ki el' piz se cuardet !*
> *Nus remeindrum en estal en la place ;*
> *Par nus i iert e li colps e li caples.*
> . . . .
> *Pur sun seignur deit hum suffrir granz mals.*
> *E endurer e forz freiz e granz calz.*
> *Si'n deit hum perdre de l'sanc e de la carn.*
> *Fier de ta lance e jo de Durendal,*
> *Ma bone espée que li Reis me dunat.*
> *Se jo i moerc, dire poet ki l'avrat,*
> *Que ele fut à nobilie vassal*[1] *!* AOI.

1. Ne dites un tel outrage. — Maudit soit qui porte lâche cœur au ventre ! — Nous tiendrons ferme en la place ; — De nous viendront et les coups et la bataille !... Pour son seigneur on doit souffrir grands maux, — Et endurer et forts froids et grande chaleur, — Aussi on doit perdre du sang et de la chair. — Frappe de ta lance et moi de Durandal — la bonne espée que le Roi me donna. — Si je meurs, qui l'aura pourra dire — Qu'elle fut à

Le collectivisme consanguin n'avait pu donner que l'unité communale ; la féodalité créait une vie provinciale et nationale, en unissant par des devoirs et des services réciproques les groupes autonomes et isolés d'une province et d'une nation. A ce point de vue, la féodalité est une fédération militaire de baronnies.

Les devoirs du baron envers ses serfs, ses tenanciers et ses vassaux, étaient nombreux et onéreux ; mais quand la féodalité entra en son déclin, il s'affranchit de ses devoirs, tout en retenant et aggravant les redevances et les corvées qui autrefois n'étaient que le prix de services réels qu'il rendait. — Non content de se débarrasser des charges féodales, il éleva des prétentions sur les terres de ses vassaux, sur les forêts et les autres biens communaux. Les feudistes français, justement stigmatisés de l'épithète de *plumes féodales,* soutinrent que la terre, les bois, les prés et

noble vassal. » Aoɪ. (*Chanson de Roland;* édition Léon Gautier, XCIII et XCIV.)

La chanson de Roland, l'épopée populaire du moyen âge, était souvent chantée au commencement des batailles. A Hastings, quand les deux armées furent en présence, un chevalier normand, Taillefer, sortit des rangs et entonna le chant de Charlemagne et de Roland, « pour enflammer le courage des soldats », dit William of Malmsbury. En chantant il jouait de son épée, la lançait en l'air, et la saisissait par la poignée : les Normands reprenaient en chœur le refrain et criaient : « Dieu aide ! »

L'interjection *Aoi!* qui se trouve après chaque strophe, a exercé l'ingéniosité des philologues ; elle correspond à notre *ohé!* ainsi que le remarque M. Gautier, et avertissait que le couplet était terminé ; car probablement la *Chanson de Roland* était chantée par deux jongleurs, comme le *Kalevala* l'est encore de nos jours en Finlande par deux *runoiat.* L'un commence en chantant une strophe que l'autre répète, puis dit la sienne, que le premier à son tour répète, et ainsi de suite tant que dure le poème, c'est-à-dire souvent des journées et des nuits entières.

les eaux avaient appartenu de tout temps au seigneur,
qui n'avait fait qu'en céder la jouissance à ses serfs et
vassaux. Les feudistes anglais fabriquèrent la même
histoire; ils déclarèrent qu'à une époque indéterminée,
« quelquefois vaguement associée avec la féodalisation
de l'Europe, d'autres fois plus spécialement avec la
conquête normande, le territoire de toute l'Angleterre
avait été confisqué ; que les terres de chaque seigneurie furent octroyées en toute propriété au seigneur,
qui en distribua une partie aux hommes libres qui le
suivaient, mais en conserva une partie, qu'il donna à
cultiver à ses serfs ; que tout ce qui n'était pas compris dans cette distribution fut mis de côté, comme
terres vagues appartenant au seigneur, et que tous les
usages qui ne peuvent être rattachés aux principes
féodaux grandirent ultérieurement et insensiblement
de la tolérance du seigneur féodal[1] ». En un mot, tout
avait appartenu au baron, et tout devait lui être res-
titué. Grâce à ces impudentes falsifications, la noblesse
en France et en Angleterre put s'emparer des forêts
et des terres qui étaient la propriété des communautés
villageoises.

Les historiens bourgeois et Merlin, le terrible juriste
de la Convention et le grand destructeur des biens
communaux, dans leur désir de retrouver la forme
individuelle de la propriété jusque dans les temps féodaux, ont admis la thèse intéressée des aristocrates.

---

1. H.-S. MAINE, *Village communities*, p. 84. Cette opinion était
émise devant une commission de la Chambre des communes par
un avocat, M. Blamire, qui, d'après Maine, « était un jurisconsulte
des plus familiers avec la propriété foncière anglaise dans ses
formes les plus rares ».

— L'histoire de la genèse et de l'évolution de la propriété féodale exposera la fausseté de l'opinion des feudistes, et montrera comment la propriété seigneuriale s'est constituée à l'aide de la fraude et de la violence.

II

Origines de la propriété féodale.

La féodalité, qui apparaît comme l'organisation hiérarchique de l'autorité, prit naissance et grandit dans un milieu égalitaire; mais pour que l'égalité engendrât le despotisme, il fallut la coopération séculaire d'événements que l'on doit rappeler pour expliquer cette genèse.

Les tribus germaines qui, pendant des siècles, envahissaient l'Europe occidentale étaient des populations mouvantes dans un état de barbarie assez analogue à celui des tribus iroquoises lors de la découverte de l'Amérique. Strabon nous dit que les barbares établis en Belgique et dans le nord-est de la France ignoraient l'agriculture et ne vivaient que de laitage et de viande, principalement de la chair fraîche de troupeaux de porcs, sauvages et dangereux comme des loups, qui paissaient librement dans les immenses forêts couvrant la région : ils étaient si nombreux qu'ils suffisaient à leur nourriture et à l'achat d'autres objets de consommation et de luxe. Strabon ajoute que les Gaulois avaient eu les mêmes mœurs, et que pour les connaître il n'y avait qu'a étudier celles des Germains de son époque. (Liv. IV.) Quand César débarqua en Angleterre, il trouva que les Bretons du pays de Kent avaient, eux aussi, les

mêmes mœurs que les Gaulois : ils ne cultivaient pas
la terre, vivaient de laitage et de viande et se couvraient de peaux de bêtes; ils se peignaient le corps
en bleu pour épouvanter leurs ennemis, et avaient leurs
femmes communes entre frères[1]. En Europe ainsi que
dans toutes les parties du monde, le point de départ est
le même.

L'égalité la plus farouche régnait parmi ces barbares,
qui etaient guerriers et chasseurs; et leurs usages et
coutumes tendaient à conserver cette égalité héroïque.
Lorsqu'ils devenaient sédentaires et commençaient à
pratiquer une agriculture rudimentaire, ils entreprenaient de constantes expéditions guerrières, pour ne
pas désapprendre le métier des armes. Un chef de
renom n'avait qu'à annoncer qu'il allait entrer en campagne, pour voir accourir et se ranger sous ses ordres
des combattants désireux de butin et de gloire. Pendant
la durée de l'expédition, ils lui devaient obéissance,
comme tous les guerriers grecs à Agamemnon; mais
ils s'asseyaient à la même table et banquetaient ensemble sans distinction, et se partageaient également et au
sort les dépouilles : une fois rentrés au village, ils
reprenaient leur indépendance et leur égalité, et le chef
de guerre perdait son autorité. De cette manière libre et
égalitaire les Scandinaves, et en fait tous les barbares,
ont organisé leurs corps excursionnaires. Ces mœurs
piratiques se sont conservées durant tout le moyen âge;
on recrutait des soldats en s'adressant à la libre initiative individuelle : pour lever une armée contre les
Anglais et les Albigeois, Guillaume le Conquérant et

____

1. *De Bello Gallico*, V, § 14.

Innocent III n'eurent qu'à promettre le partage des biens des vaincus. A Hastings, au moment où les troupes allaient engager le combat, Guillaume, élevant la voix, parla en ces termes à ses soldats : Pensez à bien combattre, et mettez tout à mort ; car si nous vainquons, nous serons tous riches : ce que je gagnerai, vous le gagnerez ; si je conquiers, vous conquérrez ; si je prends la terre, vous l'aurez. — Le saint-père employa le même langage que le fils de Robert le Diable pour exciter les fidèles à exterminer les hérétiques albigeois : Sus donc, soldats du Christ ! Détruisez l'impiété par tous les moyens que Dieu vous aura révélés (il ne leur révéla que l'incendie, le meurtre et le pillage) ; chassez le comte de Toulouse, lui et ses vassaux, de leurs châteaux ; privez-les de leurs terres, afin que les catholiques orthodoxes soient établis dans les domaines des hérétiques. (10 mars 1208.) Les croisades, qui jetèrent sur l'Orient les guerriers européens, s'organisaient de la même façon ; elles prenaient pour prétexte la délivrance des pierres du saint sépulcre, et pour but le pillage[1].

Quand les barbares, en quête de terres, conquéraient un pays, ils tuaient les habitants, ainsi que l'avaient fait les Hébreux sur l'ordre de leur bon Dieu ; mais d'ordinaire ils se contentaient de saccager les villes et de

---

1. Un économiste de grand renom, M. de Molinari, a innocemment comparé les entreprises financières de notre temps aux expéditions piratiques du moyen âge ; c'est confesser que les honnêtes placements de pères de famille n'ont pour but que le pillage. Il existe cependant une différence : les guerriers féodaux jouaient leurs personnes, tandis que les capitalistes, qui accourent en foule aux 10 et 20 0/0 des prospectus de la finance, n'engagent que des capitaux qu'ils se sont bien gardés de créer.

s'emparer des terres dont ils avaient besoin, et ils s'établissaient dans les campagnes, qu'ils cultivaient à leur manière, laissant les vaincus vivre à côté d'eux selon leurs lois et coutumes. Leurs établissements n'étaient pas laissés au hasard ou au caprice, mais étaient faits d'après leur organisation *tribale*, ainsi que le constate expressément César et que le confirme Elphinstone, qui, à la fin du siècle dernier, combattait les barbares de l'Afganistan[1]. Chaque tribu recevait un territoire qui était distribué entre ses *gentes* ou clans vivant dans un ou plusieurs villages. Plusieurs villages unis par des liens de parenté formaient une *centène* (*huntari*, vieil allemand; *haradh*, vieux norse), plusieurs centènes un comté, et plusieurs comtés un duché. Sur cette organisation tribale, les rois mérovingiens greffèrent un rudiment d'organisation politique.

La terre dont le village n'avait pas pris possession demeurait à la disposition de la centène; ce qui n'était pas alloti à celle-ci appartenait au comté; et tout ce qui restait — d'ordinaire c'était une grande étendue de terrain — était à l'immédiate disposition de toute la nation. On trouve en Suède côte à côte tous ces différents degrés de possession, dit Engels : chaque village possède ses terres communales; au delà sont les terres communales de la centène ou du *harads* et du comté, et enfin celles de la nation, que le roi réclame en sa

---

1. « Les terres des Gundehpoors sont divisées en six lots, correspondant au nombre de clans qui composent la tribu; les lots sont tirés au sort... Tous les trois ou cinq ans les partages sont renouvelés... Ce qu'il y a de surprenant, c'est que ces transactions, chez un peuple sans lois, ne donnent lieu à aucune querelle ni à aucune rixe sanglante. » (MOUNTSTUART ELPHINSTONE, *An Account of the kingdom of Caubul*; 1895.)

qualité de représentant de la nation, mais qui cependant continuent à porter le nom de *terres communales*[1]. Les *terres de la couronne*, dans toutes les monarchies féodales, étaient des biens appartenant à la nation : il ne faut pas les confondre avec les fermes que les Mérovingiens possédaient à Braine, Attigny, Compiègne, la Verberie, etc., qui appartenaient à la *gens* des Mérovées.

Mais en devenant sédentaires et agriculteurs, et plus tard en se convertissant au christianisme, les barbares perdaient peu à peu leurs habitudes guerrières, bien que quelques-uns d'eux restassent invinciblement attachés aux mœurs primitives. Les Germains que connut Tacite s'étaient déjà dépouillés de leur rudesse barbare ; ils étaient sédentaires et cultivateurs ; cependant la tribu des Cattes restait exclusivement consacrée à la guerre : ils commençaient tous les combats, prenant les positions les plus dangereuses ; ils ne possédaient ni maisons, ni terres, ni soucis d'aucune sorte. Partout où ils se présentaient ils étaient nourris. Les guerriers renommés des autres tribus maintenaient autour d'eux en permanence, par des festins et des présents, des hommes dévoués, prêts à les suivre dans leurs expéditions. Ces guerriers cattes et ces braves inféodés à des chefs militaires constituaient une espèce d'armée permanente chargée de défendre ceux de leurs tribus qui s'adonnaient plus spécialement aux travaux de l'agriculture.

Mais à peine les barbares envahisseurs s'étaient-ils déshabitués de la guerre, que d'autres barbares fon-

---

1. F. **Engels**, *Socialism utopian and scientific*. Voir le remarquable appendice sur la *Mark*.

daient sur eux comme sur une proie. Pendant des siècles, des masses pressées de barbares se ruèrent sur
l'Europe : à l'est, les Goths, les Huns, les Germains; au
nord, les Scandinaves; au sud, les Arabes. Pour protéger les frontières contre leur irruption, les empereurs
romains établissaient des colonies de vétérans, leur
distribuaient des terres, des animaux, des grains et
quelque argent; les barbares eux-mêmes étaient utili-
sés contre les barbares, — on leur accordait des terres
et on leur confiait des places fortes à défendre; — mais
ces barrières de la civilisation étaient emportées par
l'inondation barbare.

Et quand l'Orient, le Nord et le Sud eurent cessé d'inon-
der l'Europe de leurs flots humains et que les barbares
devenus sédentaires reprirent l'œuvre de la civilisation
qu'ils avaient interrompue et détruite, un nouveau fléau
se déchaîna : des bandes d'hommes armés parcouraient
le pays, pillant et rançonnant; après chaque guerre, les
soldats des deux armées ennemies fraternisaient et par-
taient en expédition pour leur propre compte[1]. Pendant des siècles on vécut en Europe dans la crainte
constante d'être pillé, emmené en esclavage et mas-
sacré.

1. Après la bataille de Poitiers (1356), les soldats des deux armées, se trouvant sans emploi, s'associèrent et firent la guerre
pour leur propre compte. Après le traité de Brétigny (1360), qui
rendit la liberté au roi Jean, prisonnier des Anglais, on licencia
les troupes des deux partis; elles s'organisèrent en bandes et tin-
rent la campagne. Une bande opérait dans le Nord; une autre,
plus considérable, commandée par Talleyrand-Périgord, descen-
dit la vallée du Rhône et ravagea la Provence. Elle passa par
Avignon, où le pape régala les chefs et donna l'absolution aux
soudards, qui ne s'en souciaient guère, et un cadeau de 500.000 livres : elle rançonnait les villes et ravageait les campagnes.

Les invasions qui ruinaient et désorganisaient le
pays n'empêchaient pas les tribus déjà établies de s'en-
tre-déchirer entre elles. Ces luttes intestines continuelles condamnent les peuples barbares à l'impuis-
sance vis-à-vis de l'étranger ; car ils ne savent étouffer
leurs haines de clan à clan et de village à village
pour s'opposer à l'ennemi commun. Tacite, qui ne son-
geait qu'à la domination romaine, demandait aux dieux
d'entretenir ces haines si désastreuses ; car, disait-il, « la
fortune ne peut donner à Rome rien de plus heureux
que la dissension de ses ennemis ».

Les habitants des campagnes, pour se protéger contre tant de dangers, fortifiaient leurs villages, que les
chartes d'Auvergne des xi⁰ et xii⁰ siècles désignent du
nom de *castra*, camps. Étant tous égaux, puisqu'ils appartenaient tous au même clan, ils avaient recours à l'é-
lection pour nommer les chefs chargés de la défense,
lesquels avec les envoyés des rois sont les embryons
des barons féodaux[1]. Ces derniers ne remplissaient au
début que le rôle de collecteur des impôts (*freda*) pro-
venant des *compensations*, de président des réunions populaires où se rendait la justice, de surveillant militaire
et de mainteneur de l'ordre. Ils étaient soumis à l'autorité du conseil des anciens et de l'assemblée popu-

1. Parfois on s'adressait à un guerrier étranger. Les *Fors* (coutumes) de Béarn débutent par cette déclaration d'indépendance :
*A quells son los fors de Bearn : en los quo ans fé mentiou qué
antiquement en Bearn no havé Senhor.* (Voici les coutumes du
Béarn; elles font mention qu'anciennement il n'y avait pas de seigneur au Béarn.) — Mais les habitants de Pau, ayant besoin d'un
chef militaire et ayant entendu vanter un chevalier de Bigorre,
l'élurent seigneur pour un an. L'assemblée populaire l'ayant re-
quis de se conformer aux coutumes, qu'il enfreignait, il fut tué
dans l'assemblée même parce qu'il refusa d'obéir.

laire. Le comte (*graffio*) qui, dans les tribus franques, négligeait de chasser un étranger dont l'expulsion avait été ordonnée par l'assemblée, était frappé d'une amende de deux cents sous d'or (*Lex salica*) : c'était précisément la somme qu'il fallait payer en compensation d'un meurtre (*wergeld*). — Les pouvoirs qui dans la suite devaient devenir l'apanage des seigneurs féodaux appartenaient à la communauté, réunie en assemblées plénières (*folke — mootes*); tous les habitants devaient y assister en armes, sous peine d'une amende. Des communautés possédaient des colons et des serfs.

Les lois du pays de Galles, recueillies en 940 par ordre du roi Hoël-Da et publiées en 1841 par A. Owen, indiquent le mode d'élection, les qualités et les fonctions de ces chefs de village, qui, à peu de chose près, sont les mêmes dans toutes les tribus barbares. Le chef de la *gens* ou du clan était élu par tous les chefs de famille ayant femmes et enfants légitimes; il exerçait son pouvoir à vie; chez d'autres peuples, ses fonctions étaient temporaires; en tout cas il pouvait être révoqué. Il fallait que toujours il fût prêt « à parler en faveur de ses parents et qu'il fût écouté; qu'il fût prêt à se battre pour ses parents et qu'il fût craint; qu'il fût prêt à se porter garant pour ses parents et qu'il fût accepté ». Quand il rendait justice, il se faisait assister par les sept vieillards les plus âgés; il avait sous ses ordres un *vengeur* (*avenger*) chargé d'exécuter les vengeances; car la justice n'était alors que la loi du talion, que la vengeance, coup pour coup, blessure pour blessure, dommage pour dommage. A la première alerte, quand on avait proféré la clameur, — le *haro* des Normands, le *biafor* des Basques, — tous les habitants devaient sortir en armes de leurs maisons et se mettre sous ses ordres : il était chef militaire, et tous lui devaient obéissance et fidélité. Celui qui ne répondait pas à l'appel était condamné à l'amende. Les habitants étaient organisés militairement ; ainsi à Tarbes ils étaient groupés par dizaines, ayant à leur tête un *dizainier*, chargé de veiller à ce que tout le monde fût armé et que les armes fussent en bon état.[1].

Toute fonction chez les barbares tend à s'immobiliser dans une même famille : on est tisserand, forgeron, magicien ou prêtre, de père en fils : de cette manière naissent les castes. Le chef chargé du maintien de l'ordre intérieur et de la défense extérieure était choisi parmi tous les habitants ; mais peu à peu on prit l'habitude de l'élire dans la même famille, qui finit par désigner elle-même le chef de la communauté, sans qu'on passât par la formalité de l'élection. On serait dans l'erreur de croire que les fonctions de chefs constituaient au début un privilège enviable : elles étaient au contraire des charges lourdes et dangereuses ; les chefs étaient rendus responsables de tout. Une disette était pour les Scandinaves le signe certain du courroux des dieux : ils en faisaient porter la faute à leur roi, qui était déposé et parfois mis à mort. Ces fonctions étaient si peu recherchées que l'élu de l'assemblée populaire ne pouvait s'y soustraire sans encourir le bannissement et la peine grave de voir démolir sa maison, le bien sacré et inviolable de la famille. L'ancienne Coutume d'Amiens dit : « Se li maires qui eslus seroit

1. L. Deville, *Études historiques sur Tarbes* (Bulletin de la Société académique des Hautes-Pyrénées, 6e année, 2e livraison, 1861).

refusoit le mairie... et se aucuns refusoit l'esquivinage,
on abateroit se maison. » Gomme cite de pareilles péna-
lités dans les coutumes de Folkestone et de Hastings
pour les maires et jurats qui, élus, refuseraient d'entrer en fonction [1].

Les communautés villageoises de l'Inde que l'on a pu
observer de notre temps ont pour fonctionnaires publics des tisserands, des forgerons, des maîtres d'école,
des brahmines, des danseuses pour les cérémonies religieuses, etc. ; ils sont au service de la communauté, qui
les rétribue en les logeant et leur allouant des redevances prélevées sur les récoltes et les troupeaux ; on leur
accorde parfois des lots de terre [2], qui sont cultivés en
partie ou en totalité par les villageois. Les chefs élus des
villages européens furent traités comme les fonctionnaires des villages hindous ; leurs compagnons, pour
reconnaître leurs services, leur allouaient, lors des partages agraires, plus de terres qu'au reste des habitants ;
— ainsi dans le bourg de Malmesbury, l'*alderman*, qui
en était le chef, était payé de ses services par une pièce
de terre supplémentaire, que l'on nommait la cuisine
de l'alderman ; — et, pour leur permettre de se consacrer à leurs fonctions publiques, ils labouraient leurs
champs et leur donnaient les prémices des récoltes et

1. GOMME, *Village community.*
2. Ces lots de terre recevaient parfois les noms des métiers
dont on avait récompensé l'exercice au bénéfice de la communauté. « Il existe, dit Maine, dans plusieurs paroisses anglaises
certaines pièces de terre dans les terrains communaux qui, depuis un temps immémorial, portent le nom d'un métier, et souvent
aussi il existe cette croyance populaire qu'un individu n'exer-
çant pas le métier dont la pièce porte le nom ne peut légalement
la posséder. » (*Village communities.*)

des troupeaux qu'ils avaient charge de protéger[1]. Le métier de chef n'était pas une sinécure; il fallait qu'il fût toujours sur le qui-vive, prêt à se battre. Gomme reproduit le dessin d'un manuscrit du xie siècle, qui représente des moissonneurs coupant le blé sous la garde d'un guerrier armé d'une lance.

Les chefs élus ne se distinguaient pas d'abord des autres habitants; mais le fait de les choisir toujours dans la même famille finit par constituer un privilège qui se transforma en droit héréditaire; le chef de la famille privilégiée devint par droit de naissance, sans que l'on eût besoin de recourir à l'élection, le chef naturel de la communauté. L'autorité royale n'eut pas d'autres origines dans les tribus franques : la *gens* des Mérovées fournissait les chefs militaires, comme celle des Levys des prêtres chez les Hébreux; mais les guerriers élisaient celui des Mérovées qu'ils voulaient pour chef; Pépin le Bref non seulement se fit élire par l'assemblée des guerriers, mais, pour pallier son usurpation, il se fit consacrer par l'évêque de Mayence et par le pape Étienne III, qui l'appela « l'oint du Seigneur ». Les rois mérovingiens ne donnaient aucun ordre particulier, aucun diplôme, sans employer les formules suivantes : *Una cum nostris optimatibus* (d'accord avec nos nobles), — *De consensu fidelium nostrorum* (avec le consentement de nos fidèles), etc. Les lois saliques et ripuaires et les ordonnances des pré-

---

1. « Les Basoutos s'assemblent tous les ans pour retourner et semer les champs de leur chef et de sa première femme. Des centaines d'hommes rangés sur une ligne droite lèvent et abaissent simultanément leurs *mattocqs :* tout le village concourt à l'entretien du chef. » (CASALIS, *les Basoutos.*)

miers rois franks ne sont point promulguées au nom
d'aucun prince[1].

Il se peut que le chef du village était choisi parce
qu'il possédait la maison la plus spacieuse, la plus facile
à défendre, afin que les paysans pussent s'y replier en
cas d'attaque. Cet avantage stratégique, qui d'abord
pouvait être accidentel, finit par être une des conditions exigées de tout chef : dans les villages indiens sur
les frontières, *the burj* ou le beffroi est toujours atte-
nant à la maison du chef et est d'un usage constant
comme lieu de refuge et d'observation. Durant les temps
féodaux, on n'était seigneur qu'à la condition de posséder « un château ou maison forte avec une basse-cour
fortifiée de fossés et de ponts-levis, avec une grosse
tour carrée et un moulin à bras dedans[2] », pour que
les paysans pussent mettre à l'abri leurs récoltes et bestiaux, moudre leurs grains et organiser la défense. La
maison du chef était considérée comme une espèce de
maison commune ; elle le devenait en réalité dans les
moments de danger. Les villageois s'appliquaient à la
réparer, à creuser ses fossés, à fortifier ses murailles ;
dans les villages collectivistes il est d'habitude que tous
les habitants concourent à la réparation ou à la construction de la maison de n'importe quel membre de
la communauté. Cette coutume est l'origine du droit
qu'avait le seigneur féodal « d'obliger ses vassaux et
tenanciers de contribuer à la construction des fortifica-

1. Voici la formule d'intronisation des anciens rois d'Aragon,
qui devait, à peu de chose près, être celle des rois Francs : « Nous,
qui individuellement sommes autant que toi, nous te faisons notre roi, à condition que tu respectes nos coutumes ; sinon, non. »

2. BOUCHER D'ARGIS, *Code rural ou Maximes et règlements con-
cernant les biens de campagne*; 1774, 3ᵉ édit.; ch. VI, § 2.

tions, s'il était fondé en titre, et même sans titre, si c'est
en temps de guerre. » Et ce qui indique bien l'origine
de ce droit, c'est le commentaire suivant de l'écrivain
feudiste : « Et comme ces fortifications servent également
ment pour la sûreté des campagnes et des villes et la
conservation des personnes autant que des biens, les
forains ayant des biens dans le lieu sont obligés d'y
contribuer. »

Les barbares, plus guerriers que cultivateurs, étaient
les propres défenseurs du village et de sa maison forte ;
au premier appel ils accouraient en armes et se plaçaient sous la direction du chef pour lui prêter main-
forte et l'aider à repousser l'agression ; ils montaient
également la garde pendant le jour dans la tour d'observation et faisaient le guet la nuit : dans beaucoup
d'endroits le seigneur conserva jusqu'à la Révolution
le droit d'exiger de ses vassaux ce service de surveillance. Mais quand les habitudes agricoles prirent le
dessus, les paysans, pour se dispenser de ces services
militaires qui les empêchaient de vaquer à leurs travaux,
les convertirent en redevances données au chef, à condition qu'il entretiendrait des hommes d'armes exclusivement chargés de ce service de défense et de garde ;
dans toutes les amendes infligées à un délinquant, une
partie était réservée spécialement pour le chef et ses
hommes d'armes. On donnait ainsi au chef les moyens
d'entretenir une force armée qui allait lui permettre
d'imposer ses volontés et de dominer ses anciens compagnons.

Le village situé dans la meilleure position stratégique devint un centre ; en cas d'invasion, les habitants
des villages circonvoisins venaient y chercher un asile ;

et pour trouver ce refuge dans le danger, ils durent contribuer à l'entretien de ses fortifications et de ses hommes d'armes. Le chef de cette communauté de paysans étendit son autorité sur les pays environnants.

De cette manière naturelle prirent naissance dans les villages collectivistes, dont tous les membres mâles étaient égaux en droits et en devoirs, les premiers éléments du féodalisme : ils seraient restés stationnaires durant des siècles, ainsi que dans les Indes, sans les événements extérieurs qui les ébranlèrent et leur infusèrent une nouvelle vie. Les guerres et les conquêtes développèrent ces germes embryonnaires, les agglomérèrent et les unirent étroitement, par des devoirs et droits réciproques, en un vaste système social qui, durant le moyen âge, s'étendit sur l'Europe occidentale.

Ce qui, dans les temps modernes, s'est passé aux Indes permet de comprendre l'action de la conquête pour transformer les chefs des communautés villageoises en barons féodaux. Quand les Anglais établis sur le littoral étendirent leur domination dans l'intérieur des terres, ils vinrent en contact avec des villages organisés de la façon décrite précédemment : chaque groupe agricole avait à sa tête un paysan, son *headman,* dit Maine, qui parlait en son nom et traitait avec les conquérants. Les autorités anglaises ne prirent pas la peine de s'enquérir des origines et de la nature de son pouvoir, ni de sa véritable situation dans la communauté ; ils trouvèrent plus simple de le considérer comme le maître du village, dont il n'était que le représentant, et le traitèrent en conséquence ; ils augmentèrent et affermirent son autorité de tout le poids que leur donnait le droit du plus fort ; et en maintes circonstances ils aidèrent les chefs de villages à dominer leurs anciens compagnons et à les déposséder de leurs droits et de leurs biens. Les Français et les Anglais essayèrent vainement de donner cette autorité aux *sachems* des Iroquois.

Les conquérants du moyen âge se comportaient d'une manière analogue : ils laissèrent en situation les chefs locaux dans les villages trop peu importants pour être donnés en bénéfices à leurs fidèles, et les rendirent responsables de la rentrée des impôts et de la conduite de leurs subordonnés ; ils leur donnèrent de la sorte une autorité qu'ils ne possédaient pas dans leurs communautés. Mais dans les points stratégiques les vainqueurs substituèrent aux lieux et places des chefs de village un de leurs guerriers : c'était un poste militaire qu'ils leur confiaient. La durée d'occupation de ces postes, nommés *bénéfices,* dépendait des circonstances : d'après les rédacteurs dès livres des fiefs, les bénéficiers auraient été révocables dans l'origine, puis annuels, viagers et enfin héréditaires et perpétuels. On profitait de tous les événements pour convertir les bénéfices en biens héréditaires et en francs-alleux, c'est-à-dire en terre exempte de tout droit seigneurial : en France, les rois de la deuxième race ont dû souvent prendre des ordonnances contre des usurpations de cette espèce. « Que celui qui tient un bénéfice de l'empereur ou de l'Église, n'en transporte rien dans son patrimoine, » dit Charlemagne dans un capitulaire de l'an 803 (*Cap*. VII, c. III). Mais les ordonnances ne purent empêcher ces transformations des chefs militaires en barons féodaux. — On peut donc dire que la féodalité eut une double origine, l'une indigène, l'autre étrangère ;

elle est née des nécessités dans lesquelles évoluaient les communautés villageoises, et de la conquête.

Les barons féodaux, soit qu'ils fussent des chefs de communautés transformés par la marche naturelle des événements, soit qu'ils fussent des chefs militaires imposés par les vainqueurs, étaient tenus de résider dans le pays qu'ils devaient défendre et administrer. Le bien qu'ils possédaient et les redevances qu'ils recevaient sous forme de corvées et de dîmes étaient la récompense des services qu'ils rendaient aux cultivateurs placés sous leur juridiction. Les barons et leurs hommes d'armes formaient une armée permanente et sédentaire, nourrie et entretenue par les habitants immédiats qu'ils protégeaient[1].

Le baron devait justice, aide et protection à ses vassaux, et ceux-ci lui devaient « foi et hommage ». A toute mutation par suite de décès du seigneur ou du vassal, ce dernier, dans le délai de quarante jours, devait, en personne et non par procuration, se transporter au principal manoir et non ailleurs, pour bien indiquer qu'il ne faisait la foi que pour trouver un abri dans le château du baron; si le seigneur était absent et n'avait laissé personne pour le représenter, le vassal, après s'en être enquis, faisait la foi devant la porte du manoir et en faisait dresser le procès-verbal. Il devait être dans une attitude suppliante, réclamant protection, tête nue, sans épée ni éperons, mettre le

---

1. Dans les langues romanes le mot *baron*, le premier nom des seigneurs féodaux, avait la signification d'homme fort, de guerrier vaillant, qui indique bien le caractère essentiellement militaire de la féodalité. — *Vassal* a eu pareillement le sens de brave, vaillant.

genou en terre et joindre les mains. Le seigneur, pour
recevoir la foi, plaçait les mains du vassal dans les sien-
nes en signe d'union et de protection. Le vassal faisait
alors « l'aveu et le dénombrement », c'est-à-dire l'énu-
mération des terres et dépendances qu'il mettait sous
la garantie du baron; dans les temps primitifs, il apportait une motte de ses champs. — Parfois c'était le seigneur qui le premier s'engageait vis-à-vis de ses vassaux. Dans les *Fors* (coutumes) de Bigorre il est dit que
le comte de Bigorre, « avant de recevoir le serment des
habitants de la terre délégués à cet effet, prêtera lui-
même serment qu'il ne changera rien aux coutumes
anciennes, ni à celles dont il trouvera les habitants en
possession ; il fera confirmer son serment par celui de
quatre nobles de sa terre ».

Le vassal devait le service militaire à son seigneur
« quand une armée étrangère avait envahi sa terre,
quand il voulait délivrer son château assiégé ou quand
il allait à une guerre déclarée », c'est-à-dire entreprise
dans l'intérêt des habitants de ses terres. Mais, bien que
lié étroitement, il pouvait, au début de l'organisation
féodale, abandonner son seigneur en un certain nombre
de cas spécifiés dans les *capitulaires* des années 813 et
816 et qui sont : « Quand le seigneur a voulu le tuer,
le réduire en servitude, le frapper d'un bâton ou d'une
épée, déshonorer sa fille ou sa femme et lui enlever
son patrimoine. »

La noblesse féodale, une fois son autorité constituée,
devint à son tour une cause de trouble dans le pays
qu'elle était chargée de défendre. Les barons, pour
agrandir leurs terres et étendre leur domination, se
firent une guerre intestine et continuelle, à peine sus-

pendue par des trêves de courte durée pour permettre les travaux des champs. On peut assimiler la guerre entre barons à la concurrence, qu'aucune trêve ne suspend, entre industriels et commerçants des temps modernes. Le résultat est le même, l'une et l'autre aboutissent à la centralisation de la propriété et de la puissance sociale qu'elle comporte. Le vaincu féodal, quand il n'était pas entièrement dépossédé et mis à mort, devenait le vassal de son vainqueur, qui s'emparait d'une partie de ses terres et de ses vassaux. Les petits barons disparurent au profit des gros, qui devinrent de grands feudataires et qui établirent des cours ducales, où les seigneurs tenus en vasselage durent faire acte de présence.

Il arrivait souvent aux barons de se transformer en voleurs de grande route, qui pillaient les campagnes et rançonnaient les voyageurs et les villes et qui méritaient richement les épithètes de *gens-pille-hommes, gens-tue-hommes* qu'on leur donnait[1]. Les villes durent s'armer et se mettre sous la protection du roi ou des grands feudataires qui centralisaient les terres et la puissance féodale, et transformaient les barons en courtisans.

1. Vitry, le légat d'Innocent III, qui prêcha en Belgique et en Allemagne la croisade contre les Albigeois (en 1208), écrit : « Les seigneurs, malgré leurs titres et dignités, ne cessent d'aller à la proie et de faire métier de voleurs et de brigands, en ravageant des contrées entières par des incendies... » Les mœurs cléricales n'étaient ni pires ni meilleures : l'archevêque de Narbonne de la fin du XIIe siècle courait avec ses chanoines et archidiacres les champs, chassant les bêtes, pillant les paysans et violant les femmes. Il entretenait à sa solde une bande de *routiers* aragonnais, qu'il employait à rançonner le pays ; les évêques et les abbés aimaient « grandement les femmes blanches, le vin rouge, les riches habits et les beaux chevaux, vivant richement tandis que Dieu a voulu vivre pauvre, » dit un troubadour.

Mais à mesure que les petits barons disparaissaient, les guerres de château à château s'éteignaient, la tranquillité s'établissait dans les campagnes, et la nécessité de la protection féodale diminuait ; les seigneurs purent alors abandonner leurs terres et se rendre dans les cours ducales et royales pour faire le métier de courtisans, ne remplissant plus le rôle de protecteurs de leurs vassaux et tenanciers. Du moment que le cultivateur n'avait plus besoin d'être défendu militairement, la féodalité perdait sa raison d'être. — La féodalité, née de la guerre, périt par la guerre : elle se détruisit elle-même, par les qualités guerrières précisément qui lui avaient donné naissance.

Mais tant que dura la féodalité, des traces de la primitive égalité dans le sein de laquelle elle avait été engendrée persistèrent, alors même que toute égalité avait disparu entre le seigneur et ses vassaux et tenanciers. — Le seigneur féodal redevenait leur égal dans l'assemblée communale, qui réglait les intérêts agricoles des villageois aussi bien que les siens : elle se réunissait sans son autorisation et malgré son refus de la convoquer, ainsi qu'il en avait le devoir ; son droit d'usage sur les biens communaux était tout aussi limité que celui des autres habitants ; le nombre des bestiaux qu'il devait y envoyer paître était déterminé. Delisle, dans son étude sur les classes agricoles de Normandie, cite des textes qui prouvent que le droit des nobles était restreint : ainsi le seigneur de Bricqueville n'était autorisé à envoyer pâturer sur les prés communaux que deux bœufs et un cheval. Il était si peu privilégié, que la Poix de Fréminville nous apprend que « le seigneur qui n'a pas de bétail à lui appartenant ne peut en introduire d'étrangers, soit en louant, soit en vendant, soit même en voulant prêter gratuitement son droit d'usage[1]. »

III

Origines de la propriété ecclésiastique.

La propriété ecclésiastique a eu une origine sinon identique à celle de la propriété seigneuriale, du moins analogue. En ces temps troublés on cherchait aussi bien auprès de l'Église que des barons une protection pour ses biens et sa vie. Le prêtre possédait un pouvoir que n'avait pas le baron : il ouvrait les portes du ciel. La foi était naïve, mais ardente et profonde : l'épopée et la chanson populaire, cette véritable expression des sentiments et des pensées intimes de la masse, accordent au prêtre le pouvoir de sauver des flammes de l'enfer et de donner des places au paradis. Dans la *Chanson de Roland,* l'archevêque Turpin, pour rammemet au combat les chevaliers qui fléchissent, leur promet le paradis, en même temps qu'il les menace de la si redoutée chanson populaire :

> *Seignurs baruns, nen allez mespensant ;*
> *Pur Deu vus pri que ne seiez fuiant,*
> *Que nuls prozdum malvaisement n'en cant !*
> *Asez est mielz que moerium cumbatant.*
> *Pramis nus est, fin prendum aïtant,*
> *Ultre cest jur ne serum plus vivant,*
> *Mais d'une chose vus sui jo bien guarant :*

1. La Poix de Fréminville, *Traité général du gouvernement des biens des communautés d'habitants ;* Paris 1760.

Seinz Pareïs vus iert abandunant ;
As Innocenz vus en serez seant[1].

Le clergé avait fait accroire que l'avarice était le premier et le plus important attribut de Dieu et que ses saints trafiquaient de leur crédit et de leur protection ; ce qui faisait dire à Clovis que « saint Martin ne servait pas mal ses amis, mais qu'il se faisait payer trop cher de ses peines ». On donnait en mourant ses biens à l'Église pour s'assurer un siège au paradis ; cette donation, laissée d'abord à la libre volonté des individus, finit par être imposée : « Tout homme qui mourait sans donner une partie de ses biens à l'Église, dit Montesquieu, ce qui s'appelait mourir *déconfès,* était privé de la communion et de sépulture. Si l'on mourait sans faire de testament, il fallait que les parents obtinssent de l'évêque qu'il nommât, concurremment avec eux, des arbitres pour fixer ce que le défunt aurait dû donner en cas qu'il eût fait un testament. » (*Esprit des lois,* l. XXVIII, ch. XLI.) Les prêtres prenaient leurs précautions en engageant leurs fidèles à se dépouiller de leur bien pendant leur vie, à condition d'en garder l'usufruit jusqu'au jour de leur mort. La crainte de la fin du monde en l'an 1000 multiplia considérablement les donations aux prêtres et aux couvents ; à quoi bon conserver les biens de ce monde, puisque gens et bêtes devaient périr et que l'heure du

---

1. Seigneurs barons, pas de mauvaises pensées ; — pour Dieu vous prie, ne fuyez pas, — de peur qu'on ne vous chansonne méchamment. — Il vaut mieux que nous mourions en combattant.—Entre nous, il est certain que nous allons mourir ; — après ce jour nous ne serons plus vivants ; — mais d'une chose je vous suis bien garant : — le saint paradis vous sera ouvert ; — à côté des saints vous serez assis.

jugement dernier allait sonner? Mais quand l'an 1000 fut passé sans cataclysme, on revint de sa peur, et on regretta amèrement les biens qu'on avait subtilisés de son vivant sous un faux prétexte. On protesta : les héritiers attaquèrent les testaments. Pour intimider ces braves gens qui réclamaient leurs biens, l'Église eut recours aux anathèmes et aux malédictions. Les cartulaires de l'époque sont remplis de formules de malédictions pour épouvanter l'esprit des donateurs et de leurs parents : en voici une qui se rencontre fréquemment dans les registres d'Auvergne : « Si un étranger, si quelqu'un de vos parents, si votre fils, si votre fille, étaient assez insensés pour attaquer cet acte, pour envahir les biens dédiés à Dieu et consacrés à ses saints, qu'ils soient frappés comme Hérode d'une atroce blessure ; comme Dathan, Abiron, comme Judas qui vendit le Seigneur, qu'ils soient torturés dans les profondeurs de l'enfer[1]. »

Mais les biens de l'Église avaient d'autres origines. Beaumanoir, en rapportant les causes qui avaient si fort multiplié les serfs dans le royaume, dit que plusieurs hommes libres s'étaient vendus, eux et leurs hoirs, soit par misère, soit pour avoir la protection d'un maître contre leurs ennemis, et que des hommes libres s'étaient engagés, par dévotion, pour eux et leur postérité, à rendre certains services ou à payer certaines redevances à une église ou à un monastère; on oublia l'origine de cette sujétion et on la regarda comme la preuve d'une véritable servitude. (*Coutumes*

1. Cité par H.-F. Rivière dans son *Histoire des institutions de l'Auvergne*; 1874.

du Beauvoisis, c. XLV.) On se donnait à l'Église pour avoir sa protection temporelle. La plupart des actes d'esclavage volontaire (*obnoxatio*), dit Guérard, étaient provoqués par l'esprit de dévotion et par les ménagements que les évêques et les abbés avaient pour leurs serfs et par les avantages que la loi leur assurait. Les serfs et les vassaux de l'Église et des monastères jouissaient des mêmes privilèges que ceux qui appartenaient au roi ; ils avaient droit à une compensation triple en cas d'injure, de blessure et de mort. Le roi et l'Église se chargeaient de poursuivre le coupable, tandis qu'autrement ce soin incombait à la famille de l'offensé.

Les couvents étaient des places fortes pouvant soutenir des sièges en règle, et les moines s'exerçaient au maniement des armes ; à Hastings, des gens d'Église se battaient dans les deux armées ; l'abbé de Hida, un couvent situé près de Winchester, avait amené à Harold douze moines ; ils tombèrent tous les armes à la main. Les hauts dignitaires de l'Église étaient des chefs militaires qui déposaient la chasuble et la croix pour endosser la cuirasse et empoigner la lance. Des évêques comme celui de Cahors, quand ils officiaient solennellement, plaçaient sur l'autel leur casque, leur cuirasse, leur épée et leur gantelet de fer. Roland à Roncevaux n'a pas de plus bel éloge pour Turpin, que de dire à Olivier :

> *Li Arcevesques est mult bons chevaliers :*
> *Nen ad meillur en terre, desuz ciel,*
> *Bien set ferir e de lance e d'espiet.*
>
> *. . . . .*
>
> *Dient Franceis : « Ci ad grant vasselage ;*

En l'Arcevesque est bien la croce salve.
Kar placet Deu qu'asez de tels ait Carles. Aoi[1].

Durant les temps féodaux, les clercs étaient les seules personnes possédant quelque instruction; ils la mettaient, ainsi que leur épée, au service des paroissiens qui les nourrissaient. Ils s'interposaient souvent entre les populations rurales et les seigneurs qui les opprimaient; dans l'Irlande moderne on voit encore le bas clergé faire cause commune contre les landlords avec les fermiers et les paysans qui pourvoient à leur subsistance.

Si l'union était étroite entre le prêtre et le peuple des villes et des campagnes, par contre le clergé entrait souvent en lutte avec la noblesse féodale. Dans leurs accès de terreur superstitieuse et de piété fiévreuse, les barons pouvaient se dépouiller, en faveur des monastères et des églises, d'une partie de leurs terres et de leurs richesses; mais dans leurs moments de calme ils convoitaient les biens des moines et des prêtres et saisissaient la première occasion pour s'en emparer[2].

Les rois des premières races et les chefs militaires donnaient en bénéfices à leurs fidèles et à leurs soldats

1. L'archevêque est très bon chevalier : — il n'en est de meilleur sur terre, dessous le ciel, — bien sait frapper de la lance et de l'épée. — Les Français disent : Voilà de la grande braverie ! — Avec l'archevêque la croix est en sûreté. — Plût à Dieu que Charles en eût beaucoup de pareils. Aoi.

2. Sweyn, fils de Godwin et frère de Harold, avait enlevé une religieuse et commis un meurtre dans un moment de passion; pour apaiser ses remords, il se condamna lui-même à faire nu-pieds le voyage de Jérusalem. Il accomplit rigoureusement ce pénible pèlerinage, mais il en mourut, rapporte W. of Malmesbury.

des églises et des monatères ; du vIII° au xII° siècle, un
grand nombre d'églises étaient possédées par des laïques[1]. Les rois de France jusqu'à la Révolution avaient
conservé le *droit de régale,* qui leur donnait tous les fruits
des évêchés vacants. Les rois féodaux considéraient que
les biens ecclésiastiques étaient amassés par la Pro-
vidence pour subvenir à leurs besoins pressants ; ils
rançonnaient les églises et les monastères avec le même
sans-gêne qu'ils mettaient à extorquer l'or aux juifs.
« Mais le clergé recevait tant, dit Montesquieu, qu'il
faut que dans les trois races on lui ait donné plusieurs
fois tous les biens du royaume. » Quand Henri VIII,
le Barbe-Bleue de l'histoire anglaise et le suprême
pontife d'Angleterre, réforma l'Église catholique, il
confisqua 645 monastères, 90 collèges, 2,374 églises
et chapelles libres, 110 hôpitaux avec leurs revenus,
s'élevant à plus de 50 millions par an : il faisait sur
une grande échelle ce qu'avaient pratiqué ses prédéces-
seurs. Les bourgeois révolutionnaires de 89, en s'emparant des biens du clergé, n'avaient fait, en définitive,
qu'imiter l'exemple donné par les rois très catholiques
de France.

---

1. Pépin d'Héristal, son petit-fils Pépin le Bref et Charlemagne,
qui avaient à se faire pardonner le meurtre de Dagobert et leur
usurpation, furent des protecteurs de l'Église ; mais Charles-Martel, père de Pépin le Bref, la dépouille brutalement de ses biens.
Le chroniqueur, pour raconter le fait, se sert du verbe *socialiser.*
*Karolus, plurima juri ecclesiastico detrahens, prædia fisco socia-
vit, ac deinde militibus dispertivit. (En chronico Centutensi,* lib. II.)

IV

Caractère des servitudes féodales.

Les redevances féodales survécurent aux barons féodaux, disparus pour cause d'inutilité ; elles devinrent l'apanage des nobles, souvent d'origine bourgeoise, qui ne rendaient plus aucun des services dont elles avaient été primitivement le prix. Violemment attaquées par les écrivains bourgeois et énergiquement défendues par les feudistes, elles furent supprimées définitivement par la révolution bourgeoise de 1789. La révolution bourgeoise anglaise, accomplie un siècle et demi auparavant, établit la bourgeoisie au pouvoir, avec la Chambre des communes siégeant à côté de la Chambre des seigneurs ; mais elle laissa subsister un grand nombre de privilèges féodaux, qui sont des anachronismes aujourd'hui que la classe aristocratique n'est, dans le sens littéral du mot, qu'une fraction de la classe capitaliste.

Les économistes et les historiens libéraux de notre siècle, au lieu de rechercher l'origine des servitudes féodales et leur raison d'être dans le passé et d'expliquer leur suppression par la disparition des causes qui les avaient nécessitées, ont cru devoir faire preuve de science et de libéralisme en condamnant en bloc et sans discernement tout ce qui de près ou de loin appartenait à la féodalité. Cependant, si l'on veut comprendre l'organisation sociale du moyen âge, il faut connaître la signification de ces servitudes, qui sont la forme mobilière de la propriété féodale. Il serait trop long de passer en revue toutes les servitudes féodales ; je ne choisirai que celles qui ont soulevé le plus l'indignation des écrivains bourgeois ; je montrerai que si elles ont été maintenues et aggravées par la force, elles ont été au début consenties volontairement.

CORVÉE. — On a vu que le baron féodal, quand il n'était pas un chef militaire imposé par un conquérant, était d'ordinaire un simple citoyen de la commune qui ne se distinguait par aucun privilège des autres membres, ses égaux ; il recevait son lot dans les partages agraires, mais, au lieu de cultiver ses champs, les autres habitants s'engageaient à le faire pour lui, afin de lui permettre de consacrer tout son temps à la défense de la commune. Haxthausen a vu le seigneur russe continuer à recevoir le quart et le tiers des terres du *mir*, qu'il faisait cultiver par les habitants du village.

Latruffe-Montmeylian dit qu'en France « la portion attribuée au seigneur sur les biens communaux variait selon la nature des titres des habitants. Elle était de deux tiers quand les paysans jouissaient du droit d'usage dans la forêt seigneuriale, et du tiers seulement quand le droit d'usage ne s'exerçait que dans la forêt communale[1]. » Quand les biens des monastères et des barons s'agrandirent, les serfs qu'ils possédaient n'étant plus assez nombreux pour cultiver leurs terres, ils les donnaient en culture à des communautés de paysans libres vivant « au même pot et au même pain », suivant la caractéristique expression de l'époque. Mais les tenan-

---

1. LATRUFFE-MONTMEYLIAN, *Du droit des communes sur les biens communaux*; Paris, 1825. — Montmeylian est un des rares écrivains qui, en France, aient eu le courage de défendre les biens communaux contre la rapacité bourgeoise.

ciers, qu'ils fussent libres ou serfs, devaient un certain nombre de journées de travail au seigneur féodal,
soit pour labourer ses champs, soit pour rentrer ses
récoltes.

En ces temps où la production marchande et le commerce n'existaient pas, le baron et le paysan devaient
manufacturer tout ce que réclamaient leurs besoins[1].
Dans la maison féodale et dans l'abbaye se trouvaient
des ateliers de toute nature pour la fabrication des
armes, des instruments aratoires, des tissus, des vêtements, etc. Les paysans, leurs femmes et leurs filles
étaient tenus d'y aller travailler un certain nombre de
jours par an. Les ateliers de femmes étaient dirigés
par la dame châtelaine elle-même et portaient le nom
de *gynecia* (gynécées). Les monastères possédaient
également des ateliers féminins[2]. Ces ateliers ne tar-
dèrent pas à devenir des harems pour les seigneurs et
leurs valets, et même des lieux de débauches où les
barons et les prêtres prostituaient leurs serves et leurs
vassales : le mot de *gyneciaria*, ouvrière du gynécée,
devint synonyme de prostituée. Le scandale devint si

---

1. Olivier de Serres, dans son *Théâtre de l'agriculture et du
mesnage des champs*, conseillait au propriétaire foncier de produire tout ce qu'ils consommaient et de fabriquer leurs vêtements
avec les produits de leur exploitation, plutôt que de vendre ces
produits et d'en consacrer le prix à l'achat des objets fabriqués
ailleurs : il recommandait d'avoir dans chaque exploitation agricole une boucherie, une boulangerie, une filature, etc. En effet,
l'économie féodale ne connaît pas la production marchande, ni
la circulation des marchandises, qui sont les caractéristiques de
l'économie bourgeoise.

2. Dans l'acte de donation fait en 728 par le comte Eberhard
au monastère de Morbach, on rencontre la mention de quarante
ouvrières travaillant dans le gynécée.

grand que des évêques durent interdire aux curés
d'avoir de semblables ateliers. On voit que le bordel,
dans le monde moderne, a une origine religieuse et
aristocratique.

Les journées de travail dues au baron par les vassaux
et les tenanciers libres étaient au début peu nombreuses ; dans certains endroits elles étaient de trois journées par an[1] ; des ordonnances royales fixèrent leur
nombre, à défaut de contrat ou de coutume, à douze par
an. Les corvées des serfs étaient plus considérables ;
elles n'ont ordinairement pas dépassé trois jours par
semaine ; mais le serf avait la jouissance du petit
champ que lui abandonnait le seigneur et dont il ne
pouvait être expulsé ; il avait de plus une part dans les
récoltes du baron et des droits de pâturage dans ses
forêts et sur ses terres arables. Le comte de Gasparin,
qui fut ministre de l'agriculture sous Louis XVIII, dans
son traité sur le *Métayage* publié en 1821, n'hésite point
à reconnaître la supériorité du métayage sur le régime
des corvées pour le propriétaire foncier [2]. Mais sur le

1. Que les hommes libres aient la paix et qu'ils aillent trois
fois par an au charroi comtal, ordonne le Fors de Bigorre.

2. Les raisons que donne le comte de Gasparin sont topiques et
méritent d'être citées, car elles peuvent être appliquées au travail
du prolétaire :

« Le système des corvées est l'obligation de donner au serf
pour sa nourriture une certaine étendue de terre à cultiver pour
son propre compte, à charge par lui de réserver au propriétaire
un certain nombre de jours de travail en payement de cette
jouissance... Les intérêts du maître et du serf se séparent, chacun d'eux prend une individualité ; le serf sait que le travail qu'il
fait sur les terres qui lui sont concédées est le gage de son ai-
sance, il le rend plus actif pour qu'il devienne plus fructueux...
En est-il de même des journées consacrées au seigneur ? Les
mains qui étaient libres trois jours de la semaine redeviennent

déclin de la féodalité les seigneurs abusèrent de leur pouvoir pour augmenter les corvées ; « ils avaient pris une telle autorité, dit Jean Chenu, un écrivain du commencement du xviie siècle, qu'ils faisaient labourer, vendanger et mille autres corvées, sans autre titre que la crainte d'être bâtonné ou mangé par les gens d'armes. » Lorsque la paix fut à peu près établie dans l'intérieur des pays européens, les paysans n'ayant plus besoin d'être protégés, la noblesse de cour qui succéda aux barons féodaux devint parasitaire et oppressive.

BANS DE MOISSON. — On a cru que le droit possédé par le seigneur de proclamer le jour où l'on devait faucher les prés, vendanger le raisin, moissonner le blé, etc., était purement féodal, tandis qu'au contraire son origine remonte à l'époque où la propriété collective florissait. On a vu plus haut que pour que les terres arables pussent être livrées aux bestiaux de la commune, le conseil des anciens du village fixait le jour des différentes moissons. Cette coutume, établie dans l'intérêt de tous les villageois, ne put être détournée de son véritable but que lorsque le seigneur trafiqua avec ses ré-

esclaves les trois autres. Le serf apprend à distinguer ce qu'il fait pour lui ou pour son maître ; et cette distinction est fatale aux intérêts de ce dernier... Vient le système des métairies. Si nous le comparons à la corvée, il est facile de voir que le métayage est bien plus avantageux au propriétaire. Dans les métairies, l'impossibilité où se trouve le colon de distinguer dans son travail ce qui sera son profit ou celui de son maître le force à mettre partout la même application ; et si le terrain qu'il cultive est proportionné à ses forces, il en tire tout ce que l'on peut espérer dans un état donné de développement de l'industrie agricole. » (*Le Métayage,* publié avec le concours du ministre de l'agriculture.)

coltes. Il se substitua au conseil des anciens ou influa sur ses décisions et retarda la proclamation du ban des moissons, afin de faire la récolte sur ses terres avant celle des autres champs de la commune, et afin de pouvoir par conséquent la vendre le premier et dans de meilleures conditions.

BANALITÉ [1]. — Bien que le mot soit féodal, l'usage qu'il désigne est communiste. Dans les collectivités de village, ainsi qu'il a été dit, certaines fonctions sont remplies par des individus entretenus aux frais de la commune ; le village avait son berger communal pour mener au pâturage les bêtes de tous les habitants ; il possédait également des forges, des boucheries, des moulins, des animaux reproducteurs, au service de toute la communauté. Chaque famille, au lieu de chauffer son four pour cuire son pain, l'envoyait au four *banal* ou communal : cet usage avait été établi dans un intérêt économique, afin de réduire la consommation du bois de chauffage. La garde et l'entretien du four étaient confiés au conseil des anciens, puis au seigneur, qui, partout où il eut intérêt à le faire, substitua son autorité à celle des mandatés de la commune. L'impôt prélevé pour l'usage des choses banales était très minime : dans une ordonnance de 1223, de Guillaume Blanches-Mains, archevêque de Reims, il est dit que le prélat « aurait le four banal et percevrait un pain pour chaque fournée de trente-deux pains. » Boucher d'Argis cite des arrêts de 1563 et 1673 qui fixent le droit de mouture dans les moulins banaux à un seizième et à un

1. On entend par ce mot, en droit féodal, l'usage obligé d'une chose appartenant au seigneur et moyennant redevance, par exemple l'usage d'un four ou d'un animal reproducteur.

treizième ; aujourd'hui il est calculé que le meunier prélève plus du dixième[1]. — De telles institutions ne pouvaient exister qu'en l'absence de toute production marchande ; elles étaient des entraves au développement du commerce et à l'exploitation de la communauté par des particuliers : les bourgeois révolutionnaires de France les déclarèrent entachées de féodalisme et les abolirent en 1790.

L'ÉGLISE. — Le curé était lié aux populations rurales qui le choisissaient, le nourrissaient, et qu'il instruisait, amusait avec les légendes religieuses, récréait par les cérémonies du culte et autres représentations dramatiques et protégeait contre le baron ; l'union qui existait alors entre le prêtre et le peuple se manifeste dans le caractère que possédait l'Église. Le temple de Dieu, qui finit par être la propriété exclusive du clergé et par être fermé au public, en dehors des heures du culte, était alors une propriété commune au curé, au baron et aux paysans. Le chœur et l'autel appartenaient aux décimateurs, c'est-à-dire au seigneur et au prêtre ; ils étaient « tenus aux réparations du chœur, telle que celle des murs, voûtes, lambris, couvertures, pavés, stalles, sièges, vitraux, autel et tableaux... Les habitants de la paroisse étaient tenus à l'entretien et aux réparations de la nef, parce qu'elle leur appartient, » dit La Poix de Fréminville. Ils tenaient dans l'église leurs marchés, assemblées communales, réunions dansantes, et y déposaient leurs récoltes en cas d'urgence[2]. Thorold Rogers dit que partout en Angle-

---

1. BOUCHER D'ARGIS, *Code rural*, chap. XV, *Des banalités*.
2. Un statut synodial de 1529 défend de « faire ou souffrir en l'église ou cimetières d'icelles, aulcunes fêtes, danses, jeux, es-

terre l'église était la salle commune de réunion de la paroisse et une forteresse dans les moments de danger ; elle était bâtie à l'endroit que les premiers occupants avaient fortifié de palissades[1]. Le temple de Dieu était autrefois comme un lieu sacré pour le dépôt des objets précieux : les Hébreux faisaient du temple de Jérusalem, les Romains de celui de Vesta et les Grecs de celui de Delphes, des banques de dépôts pour leurs trésors.

Les cloches des églises du moyen âge appartenaient aux paysans, qui les faisaient sonner pour annoncer leurs assemblées et prévenir en cas d'incendie ou d'attaque : dans les archives judiciaires des provinces de France des xviie et xviiie siècles, on trouve souvent mentionnés des jugements rendus contre des cloches accusées d'avoir prévenu les paysans de l'arrivée des employés de la gabelle et de la maréchaussée royale ; elles étaient condamnées à être descendues et fouettées par la main du bourreau, « nonobstant qu'elles fussent bénies et consacrées par une cérémonie des plus solen-

batements, representations, marchés et autres assemblées illicites ; car l'église est seulement ordonnée à Dieu servir et non à faire telles folies. » Mais ce statut semble avoir été peu écouté, car le *Mercure de France* de septembre 1742 rapporte que dans le diocèse de Besançon on célébrait, le jour de Pâques, une danse nommée *Bergerette,* réglée par les statuts mêmes de l'Église : on la dansait *in medio navis ecclesiæ;* la danse terminée, on banquetait *cum vino rubro et claro.* — Bonnet, dans son *Histoire de la danse,* dit que, le jour de saint Martial, les habitants du Périgord dansaient dans l'église pendant qu'on chantait les cantiques. On répétait, à la fin de chaque strophe :

> *San Marceou, pregas per nous,*
> *E nous espingarem per vous.*

(Saint Martial, priez pour nous, — et nous danserons pour vous.)

1. Thorold Rogers, *Economical interpretation of history.*

nelles, puisque l'on y emploie l'huile de saint chresme, l'encens et le myrte et que l'on récite plusieurs prières ». L'église était la maison de Dieu, dressée en face du manoir féodal, et les paysans se serraient autour d'elle.

LA DIME — était le salaire des curés, payé autrefois par les paroissiens, acquitté aujourd'hui par l'État, qui en prélève le montant par des impôts. Elle était payée en nature, ainsi que les autres redevances féodales. Vauban reconnaît que les dîmes et redevances en nature sont moins onéreuses pour le cultivateur que les impôts en espèces ; en effet, elles étaient proportionnées à la récolte, plus ou moins considérables sélon son abondance ou sa rareté. Tandis que l'impôt reste le même, que la récolte soit bonne ou mauvaise ; pour l'acquit ter, le paysan doit acheter de l'argent avec ses produits ; et dans cet échange, le petit cultivateur, toujours pressé par le besoin, est obligé de subir les exigences du possesseur du numéraire (banquier ou marchand de grains). Si tous les gouvernements modernes ont adopté le payement des impôts en argent, c'est autant pour le rendre invariable que pour mettre à la charge du cultivateur les aléas de la vente des récoltes.

La dîme en faveur de l'Église était au début facultative, comme elle l'est encore aujourd'hui en Irlande; Mably prétend que dans les capitulaires de Charlemagne on ne trouve aucun passage qui l'impose expressément; elle était payée aussi bien au prêtre qu'au sorcier. Agobard, archevêque de Lyon au IXe siècle, se plaint amèrement que l'on n'acquittait pas aussi exactement la dîme ecclésiastique que celle accordée aux *tempes-*

taires (*tempestarii*), sorciers qui avaient le pouvoir d'envoyer la tempête et de détourner les orages. Aussi le synode de Francfort, tenu sous Charlemagne en 794, se servit du diable pour faire entrer la dîme ecclésiastique : on y rédigea un capitulaire dans lequel il est dit que « dans la dernière famine, on avait trouvé les épis vidés, dévorés par les démons qui reprochaient de n'avoir pas payé la dîme ». Prêtres et sorciers, Diable et Dieu sont souvent les mêmes personnages sous des noms différents.

Mais de facultative la dîme devint obligatoire, en vertu de l'adage féodal : *nulle terre sans charges ni dîmes;* elle fut convertie en un droit domanial et fut accordée à des seigneurs laïques, ou à des abbés qui la revendaient à des seigneurs laïques. La dîme donnée volontairement pour obtenir les secours spirituels des gens d'Église devint obligatoire et finit par être un impôt oppressif que nul service n'autorisait : ainsi l'or fin se change en plomb vil.

V

Modes d'agrandissement de la propriété féodale.

Si les redevances seigneuriales, qui devinrent onéreuses et iniques lorsque les barons féodaux cessèrent de remplir le rôle de protecteurs de leurs vassaux, tenanciers et serfs, avaient été consenties volontairement, la propriété foncière nobiliaire, à son origine poste militaire confié temporairement à un guerrier, ou simplement droit dans les partages agraires, s'agrandit par la fraude et la violence, principalement aux dépens des biens communaux.

Marx, dans l'admirable chapitre XXVII du *Capital* sur l'expropriation de la population des campagnes, auquel je renvoie le lecteur, a montré de quelle façon brutale et expéditive les seigneurs d'Écosse et d'Angleterre ont complètement dépouillé les paysans de leurs terres. Bien qu'aucune autre nation européenne ne puisse se vanter d'avoir nourri une aristocratie qui ait accompli son œuvre de monopolisation du sol avec autant de rapacité et de férocité, cependant dans tous les pays civilisés les paysans ont été dépossédés de leurs biens et de leurs droits séculaires : tous les moyens ont été employés par nobles et bourgeois pour arriver à cette louable et lucrative fin. Nous allons en citer quelques-uns.

Les redevances et les corvées étaient devenues si exagérées, surtout depuis que la noblesse avait cessé de remplir tout rôle utile, que pour les racheter les paysans consentaient à céder au seigneur une partie des terres communales du village. Ces cessions de territoire, avidement recherchées par les seigneurs, semblent avoir été presque toujours pratiquées à l'aide de la ruse : les nobles corrompaient un certain nombre de villageois, qui s'arrangeaient pour constituer à eux seuls l'assemblée générale de la commune qui votait les abandons de terres; aussi trouve-t-on en France des ordonnances royales qui cassent ces décisions et imposent la restitution des terres à la commune et qui spécifient qu'aucune cession des biens communaux ne sera valable si elle n'est résolue par tous les habitants réunis à cet effet.

Les voleurs de biens communaux ne recouraient pas

toujours à ces procédés parlementaires; souvent ils les prenaient brutalement. Au xvi⁰ siècle, alors que la bourgeoisie manufacturière et commerciale se développait rapidement, les terres communales furent convoitées à la fois par les nobles et les spéculateurs qui pullulaient. La population des villes croissait, et pour répondre à ses nouveaux besoins l'agriculture devait multiplier ses produits. Développer l'agriculture était une préoccupation générale. Des spéculateurs, sous prétexte d'augmenter l'étendue des terres arables, se firent délivrer par les rois de France des ordonnances leur octroyant le droit de mettre en culture les terres incultes : ils s'empressèrent de ranger dans la catégorie des terres incultes les biens communaux, et se disposèrent à les enlever aux paysans, qui les défendirent les armes à la main; pour vaincre leur résistance, les accapareurs appelèrent à leur aide la force armée de l'État, qu'entre autres rois, Henri IV, le roi de la *poule au pot*, mit à leur service.

Les nobles, pour s'emparer des terres des villages, employèrent des procédés qui sentaient la chicane : ils prétendirent que les champs possédés par les paysans ne correspondaient pas à leurs titres de propriété, ce qui était parfaitement exact en bien des cas; ils exigeaient la vérification des droits de propriété et confisquaient à leur profit tout le surplus; d'autres fois leurs procédés étaient révolutionnaires; ils supprimaient les titres qu'ils s'étaient fait remettre et, le titre brûlé, le paysan ne pouvait plus établir son droit de possession sur son champ, qui demeurait sans propriétaire, et, en vertu de l'adage *pas de terre sans seigneur*, le noble accaparait les terres paysannes. Les autodafés des titres de propriété de 1789 étaient la réponse aux suppressions des titres faites par les nobles du xvie siècle.

L'accaparement des forêts commença plus tôt : sans s'embarrasser de paperasses, les seigneurs s'adjugeaient la propriété des bois et des taillis; il les clôturaient et interdisaient aux paysans d'y chasser et d'user de leur droit séculaire de prendre leur bois de chauffage et de construction. Ces empiétements des nobles sur les forêts qui étaient propriété commune excitèrent les colères et donnèrent lieu en Europe à de terribles révoltes. « Les seigneurs ne nous font que du mal, dit le paysan dans le *Roman de Rou* du xie siècle; ils ont tout, peuvent tout, mangent tout et nous font vivre en pauvreté et douleur... Pourquoi nous laisser traiter ainsi ? Nous sommes des hommes comme eux, nous avons les mêmes membres, la même taille, la même force pour souffrir et nous sommes cent contre un... Défendons-nous contre les chevaliers, tenons-nous tous ensemble, et nul homme n'aura seigneurie sur nous, et nous pourrons couper les arbres, prendre le gibier dans les forêts et le poisson dans les étangs, et nous ferons notre volonté aux bois, dans les prés et sur les eaux. » Les Jacqueries qui éclatèrent au milieu du xive siècle dans les provinces du nord et du centre de la France furent occasionnées par les prétentions des nobles d'interdire aux paysans l'usage des forêts et la jouissance des eaux. De pareilles révoltes se produisirent en Allemagne, depuis celle des Saxons contre l'empereur Henri IV, jusqu'à celle des paysans de la Souabe qui, au temps de Luther, prirent les armes contre les seigneurs qui leur refusaient l'usage des bois et des eaux. La révolte de la Souabe eut un contre-coup sanglant en Alsace-Lorraine.

Ces soulèvements obligèrent les seigneurs à respecter en maintes circonstances les droits usagers des paysans, qui étaient si bien établis que La Poix de Fréminville déclarait, en 1760, que « même si les paysans en abusaient, ils ne pourraient leur être enlevés, car le droit d'usage dans les forêts doit être regardé perpétuel, et qu'étant perpétuel, il est accordé tant pour les habitants présents que pour ceux qui leur succèdent dans l'avenir, et que l'on ne peut priver d'un droit acquis ceux qui ne sont pas nés. » Mais les bourgeois révolutionnaires de 1789 n'eurent par le respect du juriste féodal pour les droits des paysans; ils les abolirent au profit du grand propriétaire foncier.

Si les seigneurs durent parfois s'incliner devant les droits usagers des paysans, ils les déclarèrent des faveurs octroyées par leur bon plaisir; ils se considérèrent propriétaires des forêts, comme plus tard ils devaient élever des prétentions sur les terres mêmes de leurs vassaux. Au moyen âge, quand un homme libre possesseur d'un alleu cherchait la *recommandation*, c'est-à-dire la protection d'un homme puissant, il lui apportait une motte de sa terre, lui jurait foi et hommage, et s'astreignait à de certaines redevances en services ou en nature. Il demeurait néanmoins maître de son champ. Mais le seigneur féodal, en plusieurs provinces, se déclara maître du *foncier*, c'est-à-dire du sol au-dessous de la surface, tout en reconnaissant aux paysans ou *domaniers* la propriété des *superfices*, c'est-à-dire de tout ce qui recouvrait le sol : bâtisses, plantations, arbres, récoltes, bien que le droit féodal n'accordât pas au seigneur la possession du sous-sol, puisque pour exploiter une mine sur son propre fonds, il était obligé d'obtenir l'autorisation royale, qui n'était octroyée que pour un temps déterminé et contre redevances. Cependant c'est à l'aide de telles fictions légales que de nos jours les nobles de Bretagne demandent l'expropriation des cultivateurs, descendants des vassaux de leurs ancêtres.

VI

Servitudes de la propriété féodale.

La révolution bourgeoise de 1789 créa la propriété privée du sol : jusque-là les biens-fonds de France, ceux des nobles comme ceux des bourgeois et des paysans, étaient soumis à des droits usagers qui leur enlevaient pendant un temps tout caractère de propriété privée. Non seulement les forêts accaparées par les nobles devaient rester ouvertes aux bestiaux des habitants du village, mais encore les terres arables; une fois la récolte enlevée, elles redevenaient propriétés communes, et les paysans y envoyaient pâturer leurs bêtes. Les vignes mêmes n'étaient pas soustraites à un tel usage[1]. Non seulement les propriétaires devaient livrer leurs terres à la vaine pâture, mais ils n'avaient pas le droit d'y faire les cultures à leur guise : ils devaient se conformer aux arrêtés des conseils communaux, et pour planter des vignes ils devaient obtenir

---

1. François de Neufchâteau cite, dans son *Voyage agronomique* de 1806, un mémoire publié en 1763 par la *Société d'économie rurale de Berne* où l'on se plaint amèrement de ce qu'après la vendange les vignobles doivent rester ouverts aux moutons « pour y pâturer comme dans un terrain commun ».

une permission royale. Cette autorisation, quelques années avant la Révolution, fut refusée à Montesquieu, au grand scandale des encyclopédistes. — Le propriétaire avait des devoirs envers la terre; il n'avait pas le droit de la laisser inculte; le 13 octobre 1693, Louis XIV rendait un arrêt autorisant, dans les cas où les propriétaires ne cultivaient pas eux-mêmes leurs terres, « toute personne de les ensemencer et d'en récolter les fruits, à charge de partager avec le maître du champ. » Cette ordonnance ne faisait que remettre en vigueur une vieille coutume. « Nos maieurs, dit Coquille, aimant le bien public et la police... avec grande raison ont introduit la coutume, par laquelle est permis à chacun labourer terre d'autruy non labourée, sans le congé du propriétaire, à la charge de payer le *champart* au dit propriétaire. Le champart n'est de pareille quantité partout, selon la multitude des laboureurs et bonté des terres : en aucuns cas est la tierce gerbe, en autre la quarte, la cinquième, la sixième et la septième; il se faut reigler selon l'usance du pays. » (*Questions et Réponses sur les coutumes de France,* § LXXVI.)

La propriété foncière féodale n'était rien moins que libre; elle n'était pas individuelle, mais familiale; son propriétaire en titre ne pouvait en trafiquer; il n'était qu'un usufruitier chargé de la transmettre à son descendant. Les biens ecclésiastiques avaient ce caractère; mais, au lieu d'appartenir à une famille, ils étaient la propriété des pauvres et de l'Église, la grande famille catholique : les abbés, les moines et les prêtres qui les occupaient n'en étaient que les administrateurs très infidèles. Pour les soustraire à l'impôt, le clergé français professa jusqu'à la Révolution que les biens

ecclésiastiques ne devaient pas être considérés comme
une propriété ordinaire, mais comme la propriété de
personne, *res nullius*, parce qu'ils étaient propriété
sacrée, religieuse, *res sacræ, res religiosæ*. Les bourgeois révolutionnaires les prirent au mot : ils déclarèrent que le clergé n'était pas propriétaire des biens
ecclésiastiques, qui appartenaient à l'Église; or le mot
grec *ecclesia,* d'ou vient Église, signifie réunion, ensemble, société de tous les fidèles, ce qui n'est pas
autre chose que la nation même; les biens de l'Église
sont donc des biens nationaux. On les nationalisa comme
les avait déjà socialisés Charles-Martel, qui les distribua entre ses guerriers. Les bourgeois révolutionnaires,
imitant Henri VIII d'Angleterre, firent main basse sur
les biens de l'Église et se partagèrent entre eux des
propriétés qui appartenaient aux pauvres et à la nation.

Les historiens libéraux et les économistes bourgeois
ont précisément attaqué le plus furieusement ces servitudes, que Neufchâteau appelait les « taches de la
rouille féodale », mais qui étaient des vestiges du communisme primitif et qui apportaient un certain bien-
être aux paysans, qu'ils ne devaient plus connaître du
jour où la propriété privée bourgeoise remplacerait la
propriété féodale.

VII

La légende de la Révolution de 1789.

Les historiens et les politiciens bourgeois, ces impudents falsificateurs de l'histoire, ont fabriqué de toutes
pièces une légende sur la révolution de 1789 : elle a
été faite, disent-ils, au profit des paysans et leur a

donné la terre. A les entendre, on croirait que la
propriété paysanne n'existait pas auparavant et que
pour apparaître il fallut qu'elle attendît la vente des
biens nationaux et le partage des biens communaux.
Cette gigantesque liquidation territoriale, qui est une
répétition sur une plus vaste échelle de celle qu'en-
treprit au xvie siècle Henri VIII d'Angleterre, profita
surtout aux spéculateurs et aux bourgeois, qui saisirent
l'occasion de s'enrichir aux dépens de la noblesse et du
clergé, d'agrandir leurs biens et de se procurer de
beaux domaines à bon marché : mais elle n'augmenta
pas sensiblement le nombre de petits propriétaires,
ainsi que le constate Léonce de Lavergne dans son
Économie rurale. En effet, dans la France de l'ancien
régime « il y avait une immensité de petites propriétés
rurales », déclarait Necker; « le nombre des petits
propriétaires est si prodigieux, écrivait Arthur Young,
que je crois qu'il comprend le tiers du royaume. » F.
de Neufchâteau assure que « dans les départements
qui forment la sénatorerie de Dijon, les terres sont
distribuées entre la majeure partie des habitants : il
en est peu qui soient absolument privés de propriété
foncière ». Ces propriétaires n'étaient pas de création
récente, puisque, ajoute-t-il, leurs terres sont morcelées à l'infini, par suite de partages après décès,
depuis plusieurs générations [1].

La révolution de 1789 n'a pas créé la petite propriété ;
mais si elle n'a pas donné la terre aux paysans, elle les
a dépouillés d'une partie de leurs biens communaux
et les a dépossédés de leurs droits usagers sur les terres

---

1. F. DE NEUFCHATEAU, *Voyage agronomique dans la sénatorerie
de Dijon ;* 1806.

des nobles et des bourgeois : droit de glanage, de
paisson dans les forêts, de vaine pâture sur les terres
arables après la récolte, et d'autres droits tout aussi
importants pour leur bien-être. La Révolution n'a été
faite qu'au profit des moyens et des grands propriétaires, aristocrates aussi bien que bourgeois.

Les nobles ont fait preuve d'une rare inintelligence
en ne comprenant pas qu'en compensation du sacrifice
de quelques privilèges surannés, plus factices que
réels, la révolution bourgeoise allait les déba⸱⸱asser
des servitudes féodales dont ils avaient eux-mêmes
réclamé l'abolition et qui, selon l'expression courante
du XVIIIᵉ siècle, enlevaient, après la moisson, aux biens-
fonds tout caractère de propriété privée pour leur donner
celui de propriété commune. Un agronome d'avant la
Révolution, Duhamel du Monceau, bien que critiquant
sévèrement et justement le droit de vaine pâture, qui
s'opposait à l'introduction de toute nouvelle culture,
ajoutait : « Cependant, comme je crois qu'il faut respecter jusqu'à un certain point les usages anciens, il me
paraît que le seul moyen de remettre en vigueur l'agriculture, serait de déclarer que chaque propriétaire
pourrait soustraire à la vaine pâture la *trentième* partie de son domaine[1]. » La loi du 28 septembre 1791
sur les *Biens et usages ruraux* autorisa les propriétaires à soustraire à la vaine pâture leur domaine
tout entier. Cet attentat contre leurs droits séculaires
fut autrement puissant que l'abolition de la royauté
et la constitution civile du clergé, pour soulever contre
la Révolution les paysans du Midi, de l'Auvergne, de

---

1. Duhamel du Monceau, *Éléments d'agriculture*; 1762.

l'Anjou, du Poitou, de la Vendée, de la Bretagne et de
l'Alsace[1].

Les émigrés, quand ils rentrèrent dans les « fourgons
de l'étranger », reprirent possession de leurs terres
invendues, débarrassées des charges féodales qui les
grevaient et se firent payer par l'État au delà de leur
valeur celles qui avaient été vendues[2]. La Révolution n'a
pas arraché la terre de France des griffes des aristocrates; cette œuvre est accomplie tous les jours par les
financiers, les industriels et les commerçants, qui sont
en train de l'accaparer. La propriété foncière, qui se
centralise par l'expropriation constante des petits cultivateurs, n'entretient dans le luxe le plus scandaleux
que de grossiers et d'imbéciles parasites, qui n'ont ni
les vertus guerrières des barons féodaux, ni l'élégance
et la politesse des courtisans de Versailles.

Sur les 49,388,304 hectares soumis à l'impôt foncier,

1. On ne peut exagérer l'importance de la vaine pâture, quand
on lit ce qu'en dit un agronome de l'époque : « Elle est une ressource précieuse pour une infinité de petits propriétaires, qui,
étant hors d'état de nourrir des bestiaux avec le produit de leurs
terres, les nourrissent bien en les faisant pâturer pendant six
à sept mois sur les terres en jachère de toute la commune. Il
n'y a point de villages où chaque habitant, même dépourvu de
propriété foncière, n'ait une ou deux vaches, cinq à six brebis
et quelquefois un cheval. Avec ces bestiaux ils ont du lait, du
beurre et du fromage, dont ils se nourrissent, et ils ont de la
laine pour se faire des bas, des bonnets et des étoffes communes; le fumier, s'ils ne l'emploient eux-mêmes, faute de terres
à cultiver, ils le vendent, et pendant tout l'hiver ils ont seulement à acheter des fourrages secs avec l'argent économisé sur
le salaire qu'ils font toute l'année. » (G. Deschenes, *Mémoire sur
la vaine pâture et les jachères*, tome V des Mémoires publiés
par la Société d'agriculture du département de la Seine ; an XI.)

2. L'exposé des motifs de la loi sur l'indemnité d'un milliard
proposée le 3 janvier 1825 par M. de Martignac, estime exactement à 987,819,968 francs la valeur totale des biens nobles vendus.

qui représentent la partie utilisable et productive du territoire de la France, 2,574,589 hectares sont possédés par 5,091,097 propriétaires, soit en moyenne un demi-hectare par cultivateur; tandis que 8,017,542 hectares sont monopolisés par 10,482 nobles embourgeoisés et bourgeois emmillionnés, soit en moyenne 764 hectares par parasite. La même Assemblée qui, en 1871, démembra la France de l'Alsace-Lorraine, livra 33,000 hectares aux princes d'Orléans. — D'après un dire digne de foi, la famille Rothschild détient plus de 200,000 hectares[1].

1. Le tableau suivant donne la distribution approximative de la propriété foncière; il est établi d'après le classement officiel des cotes foncières de 1884.

DÉSIGNATION des CATÉGORIES	NOMBRE des COTES	NOMBRE des propriétaires.	SUPERFICIE soumise à l'impôt.	NOMBRE d'hectares possédés en moyenne par propriétaire.
TRÈS PETITE PROPRIÉTÉ			Hectares.	Hectares.
Au-dessous d'un hectare..	8.585.323	5.091.097	2.574.589	0.50
De 1 à 2 hectares.........	1.841.045	1.091.740	2.636.867	2.41
De 2 à 5 hectares.........	1.894.128	1.123.218	6.010.847	5.35
PETITE PROPRIÉTÉ				
De 5 à 10 hectares........	892.887	529.482	6.254.142	11.81
MOYENNE PROPRIÉTÉ				
De 10 à 30 hectares.......	627.860	372.321	10.281.515	27.61
De 30 à 50 hectares.......	110.812	65.711	4.214.745	64.14
GRANDE PROPRIÉTÉ				
De 50 à 100 hectares......	73.503	43.587	5.059.217	116.08
TRÈS GRANDE PROPRIÉTÉ				
De 100 à 200 hectares.....	31.567	18.719	4.338.240	231.75
Au-dessus de 200 hectares.	17.676	10.482	8.017.542	764.88
TOTAUX......	14.074.801	8.346.357	49.388.304	

Les lambeaux du territoire national laissés aux paysans sont insuffisants pour leur procurer des moyens d'existence, mais ils les enchaînent aux champs et permettent aux propriétaires capitalistes d'avoir toujours à leur disposition des journaliers pour cultiver leurs biens. Avant la Révolution, pour se procurer des travailleurs aux époques des moissons et dans le courant de l'année, les propriétaires étaient obligés, dans un grand nombre de provinces, de les établir sur leurs domaines, dans des maisonnettes auxquelles étaient annexés des champs de un à deux hectares; on nommait *manouvreries* ces petites fermes, concédées aux laboureurs, en échange d'un certain nombre de journées de travail[1]. Les lopins de terre des paysans modernes jouent le rôle des manouvreries du siècle dernier, avec cette différence que les paysans doivent les payer de leurs deniers.

Les terres centralisées sont données en fermage ou

1. Pour s'assurer des journaliers ou *manouvriers*, comme on les nommait, les propriétaires fonciers étaient obligés de les établir sur leurs terres. L'usage en était si général, même après la Révolution, que, dans son *Mémoire sur l'art de perfectionner les constructions rurales*, Perthuis donne le plan d'une de ces habitations de paysans, composée d'une chambre communiquant d'un côté avec l'étable, de l'autre avec une petite laiterie; et d'un cabinet pour y mettre en état de vente les produits de sa petite culture (lin, chanvre, etc.) ou pour y exercer son métier. « On attache ordinairement aux *manouvreries* une culture de 2 arpents métriques (environ un hectare 25 ares), dans lesquels l'emplacement de la maison et de ses dépendances occupe un demi-arpent... Les manouvriers n'estimaient pas les manouvreries données sans terres... Deux vaches et quelquefois un élève composent tout le troupeau du manouvrier; il lui est fourni par son propriétaire à titre de cheptel mort. » (Mémoire publié dans le tom. VII de la Société d'agriculture du département de la Seine; an XIII.)

cultivées, pour des sociétés financières, par des agronomes au courant des progrès de la science et de la technique agricole, mais une partie des terres monopolisées par les parasites sont transformées pour leur amusement en territoires de chasse, d'où les faisans et les lièvres chassent les paysans.

La Révolution, au lieu de mettre la propriété à la portée du paysan, l'en éloigne au contraire par la hausse constante qu'elle a imprimée au prix de la terre et au taux de la rente foncière des parasites.

	1789	1815	1859	1884
Prix moyen de l'hectare.....	400 fr.	600 fr.	1,000 fr.	1,800 fr.
Rente foncière par hectare...	12 fr.	18 fr.	30 fr.	54 fr.

Les chiffres de 1789 sont fournis par Forbonnais et Lavoisier; ceux de 1815 et 1859 par L. de Lavergne, et ceux de 1884 sont établis d'après l'évaluation du fisc, qui estime l'hectare au prix moyen de 1,800 francs; et on reste au-dessous de la vérité si on porte aujourd'hui ce prix moyen à 2,000 francs, et la rente foncière à 60 francs par hectare ; c'est à 3 0/0 que Lavergne calcule le taux de la rente foncière [1].

La propriété rurale, dans l'espace d'un siècle, a plus que quintuplé de valeur vénale. Cette énorme exagération du prix de la terre est la principale, sinon l'unique cause de la crise permanente de l'agriculture. Le paysan ne peut plus acheter la terre sans emprunter, sans se mettre, pour la vie durant, dans les mains de l'usurier: il n'est alors qu'un propriétaire nominal; ce n'est pas lui qui possède son champ, c'est le banquier;

1. L. DE LAVERGNE, *Économie rurale de France depuis 1789.*

il ne le travaille que pour payer les intérêts de sa dette,
qui monte à mesure qu'il l'acquitte.

Les profits du propriétaire parasitaire ne s'élèvent
que parce que les gains du cultivateur diminuent. Le
loyer de la terre que paye le paysan pour qui les bourgeois ont fait la Révolution est autrement lourd que
celui que payait le travailleur du moyen âge : car le seigneur féodal restait associé aux chances du laboureur;
sa rente foncière n'était pas une somme d'argent invariable et fixée d'avance, mais une part de la récolte,
bonne ou mauvaise; souvent même, dans les années
de disette, au lieu de recevoir des redevances, il était
obligé de procurer des grains, des fourrages et des
bestiaux aux cultivateurs.

Olivier de Serres, qui écrivait dans un temps où la
noblesse de cour s'efforçait d'aggraver les conditions
du louage de la terre, recommandait comme le meilleur système de métayage celui du partage égal, quand
le seigneur avait fourni la moitié du bétail, les outils
de labourage et les semences et qu'il laissait les pailles
avec la quantité de blé nécessaire pour que le métayer
nourrît ses animaux de labour sans bourse délier. Mais
si l'on remonte plus avant dans le passé, on rencontre
des conditions plus avantageuses pour le laboureur.
L. Delisle, dans son étude sur les classes agricoles du moyen âge, entre autres contrats de louage,
cite ceux des tenanciers des religieux de Saint-Julien
de Tours, qui abandonnaient aux moines la sixième
gerbe, dans d'autres contrats la dixième et même la
douzième[1]. Ces conditions n'étaient pas particulières à

1. Léopold Delisle, *Étude sur la condition de la classe agricole
au moyen âge, du dixième au quinzième siècle, en Normandie;* 1851.

une province, car on les trouve également dans le Midi.
Des actes datés de 1212 et 1214 montrent les religieux
de l'abbaye de Moissac donnant leurs terres à cultiver
à des paysans libres et ne se réservant que le tiers, le
quart et même le dixième de la récolte. Lagrèze-Fossat, qui a étudié ces actes, remarque que « les paysans
traitent de gré à gré avec les religieux et que le prélèvement des produits stipulés en faveur de ces derniers n'a-
vait pas le caractère d'un tribut imposé; il était débattu
d'avance et librement consenti [1] ». Dans les pays vinicoles, les vignes étaient données à complant; le propriétaire prélevait la moitié de la récolte et ne pouvait déposséder le colon et ses descendants du terrain qu'ils
avaient planté.

Le livre de comptes de l'abbaye de Saint-Germain des
Prés, que Guérard a publié en 1844, nous fait pénétrer
dans la vie des serfs et des cultivateurs libres du IXe siècle : les champs étaient donnés en culture non à des
individus, mais à des communautés de paysans, travaillant et vivant en commun, comme il a été dit plus
haut.

Les terres de l'abbaye étaient classées en *manses in-
genuiles* ou libres — elles étaient les plus nombreuses — et en *manses serviles;* au moyen âge la terre avait
des qualités morales : elle était seigneuriale, vassale ou
serve. Les tenanciers étaient tenus à des services et à
des redevances de bestiaux, volailles, œufs, légumes,
moutarde et autres objets de consommation et d'utilité
agricole, tels que bardeaux, échalas, bois, osier, etc.
Guérard a calculé en argent la valeur approximative

____

1. A. Lagrèze-Fossat, *Études historiques sur Moissac;* 1872.

des services et des redevances; et il a trouvé que l'hectare des manses libres payait une rente de 6ᶠ,13 en corvées et de 10ᶠ,62 en produits, et que l'hectare des manses serviles acquittait une rente de 15ᶠ,34 en corvées et de 6ᶠ,46 centimes en produits. Les cultivateurs de l'abbaye s'élevaient au chiffre considérable de 10,026, la plupart Germains d'origine, à en juger par leurs noms. Les conditions faites aux paysans de l'abbaye, vu le nombre des cultivateurs, devaient être, à peu de chose près, la règle générale. — Quel est le fermier de nos jours qui ne consentirait à échanger son propriétaire capitaliste contre les moines du ixᵉ siècle, pour occuper une terre au prix de 21ᶠ,80 l'hectare, payés non en argent, mais en journées de prestations et en produits[1]?

La révolution de 1789, qui n'aurait pu s'accomplir sans le concours actif et passif des paysans, trompa toutes leurs espérances : elle paracheva l'œuvre spoliatrice de l'aristocratie; elle les dépouilla, sans compensation, de leurs droits et de leurs biens communaux, qui depuis des siècles subissaient les assauts de la noblesse, du clergé et de la bourgeoisie; elle libéra la propriété foncière des servitudes qui la rattachaient au communisme primitif de la *gens*, et elle intronisa la propriété privée avec son droit absolu d'*user* et d'*abuser*.

Les paysans, pour reconquérir leurs droits supprimés et leurs biens dérobés par les seigneurs, se lancèrent dans la tourmente révolutionnaire au premier appel des états généraux : avec une joie frénétique et au

---

1. *Polyptique de l'abbé Irminon, ou dénombrement des manses, des serfs et des revenus de l'abbaye de Saint-Germain des Prés, sous le règne de Charlemagne*, publiée par GuÉRARD en 1844.

grand ahurissement et mécontentement des révolutionnaires bourgeois, ils flambèrent les châteaux et les
parchemins féodaux ; mais des griffes acérées des
aristocrates, ils tombèrent dans les mains crochues
des capitalistes.

Les paysans ont été dupés par les révolutionnaires
bourgeois, comme les volontaires de la République ont
été volés par les spéculateurs territoriaux du milliard
des biens des émigrés qu'on leur avait promis, comme
les Jacques avaient été trahis par Étienne Marcel, le
héros bourgeois. Mais, battus et jamais vaincus, ils se
rallient aujourd'hui au rouge drapeau du socialisme
pour recommencer la révolution sociale qui expropriera
les expropriateurs et qui réparera les crimes de la Révolution de 1789.

CHAPITRE V

LA PROPRIÉTÉ BOURGEOISE

I

Origine du commerce.

On a vu que la propriété foncière ou immobilière,
qui débute par être commune à toute la tribu, se transforme en propriété collective lors du fractionnement de
la *gens* ou du clan en familles matriarcales et patriarcales, pour aboutir à la propriété individuelle quand
la famille patriarcale se désagrège à son tour et que
tous ses ménages, vivant en communauté, se séparent
pour former autant de familles individuelles ; celles-ci
ne se composent plus que du père, de la mère et des
enfants, les moins nombreux possibles, suivant le
conseil du pasteur évangélique Malthus.

La propriété mobilière parcourt plus rapidement les
phases de son évolution : elle aussi débute par la forme
communiste, mais elle atteint la forme individuelle
presque sans transitions. Même chez les sauvages communistes, les armes, les ornements et les objets d'appropriation personnelle, considérés comme des annexes

de l'individu, sont brûlés ou enfouis avec le cadavre de leur possesseur. De même qu'ils dotent l'homme d'une âme spirituelle, ou plutôt d'un double, de même les sauvages, toujours logiques, attribuent aux animaux, aux plantes et aux objets inanimés une âme qui peut vivre en dehors d'eux de sa vie propre ; aussi à l'enter-rement d'un guerrier ils brisent ses armes et immolent ses animaux et ses esclaves, afin d'en dégager les âmes qui doivent le servir dans l'autre monde.

Les objets mobiliers, peu nombreux pendant la pé-riode sauvage et au début de la barbarie, et d'ordi-naire fabriqués par leurs possesseurs, se multiplient avec l'élevage des troupeaux, l'introduction de l'escla-vage, le travail des métaux et les progrès de l'indus-trie [1]. La multiplication des richesses mobilières trans-forme les mœurs des barbares. Jusque-là on n'avait fait la guerre que pour satisfaire une vendetta, que pour s'opposer à une dépossession ou pour agrandir des territoires devenus insuffisants par suite de l'accrois-sement de la population ; mais maintenant la guerre devient une industrie, une manière commode de se procurer des troupeaux, des esclaves, des métaux et autres objets transportables. Le chef militaire, — *rex, basileus, thiudans,* — élu pour une expédition détermi-

---

1. « Le sauvage, même le plus vagabond et le plus féroce, pos-sède exclusivement ses armes, ses vêtements, ses bijoux, ses meubles ; il est remarquable que tous ces objets sont le produit de son travail et de son industrie propre; en sorte que le droit de ce genre de propriété, qui entre eux est sacré, dérive évidem-ment de la propriété que chaque homme a de son corps et de sa personne, par conséquent est une propriété naturelle. » (C.-F. VOLNEY, *Observations générales sur les Indiens de l'Amérique du Nord* ; OEuvres complètes, édition de 1821.)

née et perdant son autorité temporaire dès qu'elle avait
pris fin, devient un fonctionnaire indispensable et permanent, car la guerre et l'organisation de la guerre
sont désormais des fonctions régulières de la vie des
peuples barbares, adonnés au brigandage, considéré
comme le moyen le plus honorable d'acquérir des richesses. Les biens conquis à la guerre — *peculium castrense* — sont propriété individuelle comme s'ils avaient
été fabriqués par leurs possesseurs. Mais le développement des richesses mobilières, qui engendre le brigandage héroïque, enfante aussi le commerce, la forme
bourgeoise du brigandage.

Dans le sein des collectivités villageoises, il n'y a pas
place pour le commerce ; lorsque la division du travail
s'y introduit, il n'y a qu'échange de services, que Prou-
dhon eut la naïveté de vouloir réintroduire en pleine
période capitaliste ; on laboure les terres du forgeron
ou du tisserand, et ils payent ce service en services de
leurs métiers spéciaux. Les villages n'échangent entre
eux, à des époques déterminées, que le surplus de leurs
productions par l'entremise de leurs chefs. Mais quand
les objets mobiliers se multiplient, on les troque entre
eux, et peu à peu il se crée une classe d'individus qui
entreprennent leurs échanges dans le sein des villes
grandissantes et avec les habitants des autres villes. Une
classe des marchands est créée : profondément méprisée et assimilée aux voleurs [1], elle arrive cependant à

1. Le colonel Campbell nous dit que chaque chef de village du
Khondistan est accompagné d'un interprète, de la caste méprisée
des Panoo, chargé de toutes affaires commerciales, car un Khond
considère au-dessous de sa dignité de vendre et de trafiquer.
(*Wild tribe sof Khondistan*.)

« Que peut-il sortir d'honorable d'une boutique, écrit Cicéron

s'assujettir les producteurs et à conquérir la direction générale de la production sans y prendre la moindre part, une classe qui se fait l'intermédiaire entre deux producteurs et les exploite l'un et l'autre. Sous prétexte de débarrasser les producteurs des peines et des risques de l'échange, dit Engels, d'étendre l'écoulement de leurs produits aux marchés éloignés et de devenir ainsi la classe la plus utile de la population, il se forme une classe de parasites, de véritables vermines sociales qui, sous forme de salaires pour des services réels fort minces, écrème la production indigène comme la production étrangère, s'acquiert des richesses énormes et une influence sociale proportionnée et qui, précisément pour cela, est appelée, durant la période de civilisation, à des honneurs toujours nouveaux et à une domination toujours plus grande de la production, jusqu'à ce qu'en fin de compte elle mette au jour un produit propre : les crises commerciales périodiques.

Les produits s'échangent d'abord contre des produits; un d'entre eux est choisi pour servir de mesure de leurs valeurs réciproques; le bétail joue d'abord ce rôle chez beaucoup de peuples, mais il ne tarde pas à être remplacé par l'or et l'argent, d'abord échangés d'après le poids, puis frappé, c'est-à-dire reconnu comme l'étalon type de tous les produits. La monnaie d'or et d'argent devient la marchandise des marchandises, la

dans son traité des *Devoirs,* et qu'est-ce que le commerce peut produire d'honnête ? — Tout ce qui s'appelle boutique est indigne d'un honnête homme, les marchands ne pouvant gagner sans mentir : et quoi de plus honteux que le mensonge ? » Cicéron exprime l'opinion de son époque, de toute l'antiquité, de toutes les sociétés qui ne sont pas basées sur le commerce et la production capitaliste.

marchandise qui renferme à l'état latent toutes les autres et qui a le pouvoir magique de se transformer à volonté en toutes choses désirables et désirées. Avec la monnaie d'or et d'argent, le plus énergique moyen de centralisation et d'accaparement des biens mobiliers et immobiliers était trouvé : le plus puissant instrument de destruction de la propriété privée, individuelle, venait de naître.

II

Petite industrie et petit commerce individualistes.

Les paysans des villages collectivistes produisaient tout ce qu'ils consommaient en fait de nourriture et de vêtements ; ils n'avaient besoin que de quelques artisans (forgerons, charpentiers, tisserands, tailleurs, etc.) pour ouvrer leurs matières premières : ils les admettaient parmi eux au fur et à mesure de leurs besoins ; généralement ils les logeaient aux extrémités de leur village et en dehors de son enceinte fortifiée [1]. Après

1. Platon, en décrivant dans son *Critias* l'antique Athènes, nous dépeint la vie primitive de presque toutes les villes : Les artisans et les laboureurs étaient établis sur la pente même qui regarde l'Illysus, dit-il. Seule la caste des guerriers occupait le sommet, réunie autour du temple d'Athena et d'Héphaistos. Ils s'étaient construit du côté du nord des demeures communes et y vivaient exposés à la violence du vent, veillant sur les citoyens. Sur le plateau même de l'Acropole, il y avait une source que plus tard les tremblements de terre firent complètement disparaître, mais qui alors donnait une eau abondante et agréable à boire en hiver et en été. Lés guerriers sur les hauteurs surveillaient la mer sillonnée par les pirates, et les défilés du Parnès, franchis souvent par les belliqueux habitants d'Éleusis et de Thèbes. L'ennemi venait-il à paraître, les artisans, les laboureurs

un certain temps de séjour, un an et un jour d'ordinaire, ils obtenaient le droit de cité et étaient autorisés
à envoyer leurs bestiaux sur les pâturages communaux.
Dans ces villages, il n'y a pas au début d'échange de
produits ; les artisans sont des fonctionnaires publics
au service de la collectivité et sont rétribués par une
redevance annuelle de provisions. Ils ne travaillent que
sur commande, et la matière première leur est fournie ;
et quand cela est praticable, ils se transportent avec
leurs outils dans la maison du client. Lorsqu'ils cessè
rent d'être des fonctionnaires publics, leurs services
continuèrent à être payés en nature (blé, boisson, vo-
laille, etc.); et s'ils possédaient un champ, on le cultivait en reconnaissance de leur travail de charronnage,
de tissage ou de taille de vêtements. En un mot, ils recevaient des redevances en corvées et en produits,
comme le guerrier en recevait pour son travail de défense. Cette forme de travail industriel, que l'on retrouve encore dans les villages de l'Inde, persiste tant
que les villages conservent la forme collective de la
propriété foncière.

Les villages situés à l'entrecroisement de routes fré-
quentées par les caravanes des marchands, à l'embou-
chure des fleuves ou au bord de la mer, se transforment les premiers : il s'y crée un marché temporaire
plus ou moins fréquenté et pour lequel les artisans de
la localité travaillent. Partout où les artisans trouvent
un débouché pour l'écoulement de leurs produits, leur

et leurs troupeaux se réfugiaient dans une enceinte, qui était
une simple barrière de bois entrelacés aux oliviers croissant
naturellement sur l'Acropole, comme sur tous les rochers de la
Grèce.

nombre s'accroît ; au lieu de se voir repoussés ou accueillis difficilement, ils sont appelés. La population de ces villages, transformés en bourgs et en cités, se compose d'artisans spécialisés en des métiers divers, ayant par conséquent besoin de leurs services réciproques : le marché, de temporaire devient permanent, et les habitants troquent et échangent entre eux leurs produits, et les jours de foire les vendent aux marchands étrangers et aux villageois des campagnes environnantes.

L'industrie change alors de caractère : l'artisan commence à s'émanciper de son client. Il n'attend plus qu'on lui fournisse la matière première à ouvrer, il se la procure et la garde en boutique : il ne produit plus sur commande, mais en prévision d'une vente possible. Il ajoute à sa qualité de producteur celle de marchand ; il achète la matière première et la vend une fois transformée : il agrandit sa boutique et prend des apprentis et des compagnons pour l'aider. Pour s'approvisionner de matières premières, et pour payer les salaires des ouvriers qui travaillent sous sa direction, il doit posséder des avances, mais si modestes qu'à peine méritent-elles le nom de *capital* dans le sens employé par Marx ; et néanmoins ces avances sont du capital à l'état embryonnaire.

L'accroissement de la population dans les villages du moyen âge qui se transformaient en villes empêche d'accorder aux nouveaux venus l'usage des biens communaux et surtout de les admettre aux partages agraires. Les terres du village demeurent la propriété exclusive des descendants des premiers occupants, qui constituent un patriciat communal, tandis que dans les campagnes, pour les besoins de la défense, s'organise l'aristocratie féodale. Le patriciat urbain s'est conservé jusqu'à nos jours dans certaines villes de la démocratique Suisse. Les aristocrates communiers de l'Alsace devinrent, à la fin du siècle dernier et au commencement de celui-ci, des chefs d'industrie.

Les artisans, pour résister au despotisme de ces patriciens bourgeois, qui monopolisaient les terres et les pouvoirs de la cité, s'organisent en associations de métiers, qui au début sont égalitaires, sans hiérarchie héréditaire, et ouvertes à tous les travailleurs de la localité. Ces corporations d'artisans non seulement les défendent contre le patriciat municipal, mais encore les protègent contre leur mutuelle concurrence. Le marché où ils écoulent leurs produits est la première condition de leur existence; étant limité aux habitants de la cité et aux acheteurs occasionnels des jours de foire, les syndics des corporations sont chargés de prendre des mesures pour qu'il ne soit pas encombré par une surabondance de producteurs et de produits. Les associations de métiers se ferment alors, et le nombre des individus pouvant en faire partie et ayant par conséquent droit d'ouvrir boutique dans la ville se limite, ainsi que le nombre de compagnons et d'apprentis qu'on peut employer et la quantité de marchandise qu'on peut produire. La manière d'ouvrer la matière première est déterminée : toute modification dans l'outillage et toute invention sont interdites, afin qu'un producteur n'ait pas d'avantages sur les autres. Pour que la surveillance des syndics puisse s'exercer d'une manière efficace, les maîtres de métiers doivent travailler la porte et les fenêtres ouvertes, et parfois dans la rue. Chaque corporation a sa spécialité, à laquelle doivent se confiner strictement tous ses membres : les cordonniers ne peuvent faire que des souliers neufs ; tout ce qui est ressemelage et réparation leur est interdit et appartient à la corporation des savetiers.

La vente est tout aussi jalousement réglementée que la production : aux foires, ainsi que de nos jours au Temple de Parïs, où l'on conserve les anciens usages, le vendeur n'a le droit d'accoster le promeneur que lorsqu'il passe devant son étalage ; du moment qu'il en franchit les limites, il appartient au boutiquier voisin. Ces nombreux et méticuleux règlements indiquent le rôle important que jouait déjà le marché : son élargissement va transformer le mode de production, ainsi que toute les relations sociales correspondantes.

La production individualiste se meut dans une contradiction dont la solution devait amener sa disparition. Si l'artisan, au début producteur et vendeur, est un travailleur synthétique, concentrant en sa personne les fonctions intellectuelles et manuelles de son métier, il ne peut exister qu'à la condition que la production et les instruments de travail soient disséminés sur tout le territoire. C'était le cas au moyen âge ; chaque province, chaque ville, chaque bourgade et même chaque manoir féodal et chaque demeure paysanne centralisaient la production des aliments et des autres accessoires nécessaires à la vie de ses habitants, ne vendant que son superflu et n'achetant que quelques objets de luxe. N'important aucun de leurs objets de consommation, les cités du moyen âge étaient économiquement autonomes et pouvaient par conséquent vivre isolées et former autant de petits États généralement en guerre entre eux.

Les agronomes, qui furent les théoriciens économiques de l'époque féodale, recommandaient aux propriétaires de tout produire sur leurs terres et de ne rien acheter du dehors : on a vu que les barons féodaux avaient dans leurs châteaux des ateliers pour tout fabriquer, y compris les armes. Cette théorie de la dissémination de la production persiste longtemps après que les phénomènes qui lui ont donné naissance cessent d'exister. Au xvi⁰ siècle, quand on importa d'Italie l'industrie de la soie, la politique royale, au lieu de la concentrer dans les localités où elle avait chance de réussir, la dissémine au contraire dans toutes les provinces, et s'efforce d'introduire l'élevage de vers à soie dans des régions où il est difficile de cultiver le mûrier. Pendant la révolution de 1789, on essaye d'acclimater en France le coton pour n'avoir plus à l'acheter de l'étranger, et c'est en cherchant à s'affranchir du tribut que l'on payait aux colonies en leur achetant le sucre de canne, que l'on découvrit les propriétés saccharifères de la betterave.

Lorsque les guerres de château à château se furent apaisées par la disparition des vaincus, dont les terres allaient grossir les biens du vainqueur, et qu'il fut possible d'établir une certaine sécurité sur les routes, on put commercer de ville à ville et de province à province : le marché s'étant agrandi, il se forma des centres de production artisane ; la ville de Gand, où se tissaient des draps avec des laines tirées principalement d'Angleterre, avait, au xiv⁰ siècle, une population de près d'un demi-million d'habitants. Le développement du commerce ébranla l'organisation sociale de la cité féodale.

Les corporations des maîtres de métiers des cités qui prospéraient industriellement deviennent des corps aristocratiques, dans lesquels on ne pénètre que par privilège de naissance et d'argent, ou par faveur royale, ou après un long et coûteux stage, quand on ne naissait pas fils ou parent d'un maître ; il faut payer pour apprendre le métier, payer pour y passer maître, et payer encore pour avoir droit de l'exercer. Les corporations excluaient de leur sein une masse d'artisans ne travaillant plus pour leur compte, mais dans les ateliers des maîtres. Auparavant ils avaient l'espoir de devenir maîtres à leur tour et d'ouvrir boutique ; mais à mesure que le commerce et l'industrie se développent, ils voient s'éloigner d'eux la réalisation de cette espérance ; exclus des corporations des maîtres de métiers et en lutte avec les maîtres qui les emploient, ils se groupent et forment de vastes associations de compagnons, qui sont nationales et même internationales, tandis que les corporations des maîtres restent locales. Les maîtres de métiers enrichis par le développement de la production s'allient aux patriciens municipaux pour tenir tête aux compagnons, qui souvent sont excités et soutenus par la noblesse féodale, envieuse des richesses de l'aristocratie municipale et corporative. Toutes les villes du moyen âge ont été ensanglantées par les luttes de ces classes.

Mais l'agrandissement continu du marché et le développement du commerce qui en découle vont mettre fin à ces luttes de classes de la dernière époque féodale, en détruisant les corporations de maîtres et en modifiant le mode de production ; d'un côté ils vont centraliser la production disséminée en une infinité de petits ateliers répandus dans le pays, et de l'autre côté décentraliser les industries agglomérées dans une même ville et une même province, et transformer l'artisan synthétique de la petite industrie individualiste en l'ouvrier parcellaire de la manufacture.

III

La manufacture.

La découverte de la route des Indes par le cap de Bonne-Espérance et celle de l'Amérique, qui datent de la fin du xve siècle, en inondant l'Europe de l'or mexicain et péruvien et en créant le commerce transocéanique, déprécient la valeur de la propriété foncière, donnent l'impulsion décisive à la production capitaliste qui se développait dans les villes maritimes de la Méditerranée et dans les villes des Pays-Bas et de la ligue Hanséatique, et ouvrent l'ère de nouvelles luttes de classes et des révolutions modernes[1].

1. On a l'habitude de ne donner le nom de révolution qu'aux événements politiques qui se produisent au milieu d'un certain tumulte populaire ; et l'on attache une moindre importance aux événements économiques, dont l'action révolutionnaire sur la marche des sociétés et sur les conditions d'existence de l'homme est incommensurablement plus profonde et plus efficace.

Les mœurs et les idées des paysans d'Europe se sont conservées inaltérées pendant des siècles, en dépit des guerres, des modifications de frontières, des changements de nationalité et des révolutions politiques, à tel point qu'un anthropologiste anglais remarquait dernièrement que les superstitions des paysans des Iles-Britanniques ressemblent étrangement à celles des nègres barbares du sud africain. Les campagnes n'ont commencé à être remuées de fond en comble que depuis l'établissement des

Les contrées nouvellement découvertes furent mises au pillage et servirent de débouchés aux produits industriels et même agricoles d'Europe ; on expédiait en Amérique du blé, du vin, des fromages, etc. L'industrie ressentit les effets de la création du marché colonial et de l'importation de l'or américain. Des hommes nouveaux, n'appartenant d'ordinaire à aucune corporation, mais enrichis dans le commerce et cherchant à utiliser leurs capitaux, se jettent dans la production, où ils pressentent une source de gros bénéfices, mais à la condition d'enfreindre tous les règlements corporatifs sur la manière de produire, sur la quantité à produire et sur le nombre des ouvriers à employer. Aussi ne peuvent-ils établir dans les villes leurs ateliers, qui au début ne se distinguent des autres que par leur grandeur ; ils doivent se réfugier dans les campagnes, dans les faubourgs et dans les bourgades maritimes nouvellement créées, qui ne possèdent ni patriciat municipal ni organisation corporative. Ce fut en dehors de l'enceinte fortifiée de Paris et de Londres, au faubourg Saint-Antoine et à Westminster et Southwark, qu'ils fondèrent leurs manufactures, qui devaient ruiner les maîtres de métiers et bouleverser toute la petite industrie artisane[1]. C'étaient des marchands ou des hommes

voies ferrées. Les chemins de fer et les autres phénomènes économiques de la civilisation capitaliste accomplissent silencieusement, loin de l'inattention écervelée des philosophes et des politiciens bourgeois, le plus formidable bouleversement social qu'aura connu l'espèce humaine depuis qu'elle est sortie du moule communiste pour créer la famille patriarcale et la propriété privée.

1. Aux États de Paris convoqués en 1614, à la majorité de Louis XIII, on émit des vœux pour la liberté de l'industrie; ils furent repoussés. Le faubourg Saint-Antoine et plusieurs autres faubourgs prirent un développement considérable, parce que l'in-

nouveaux commandités par des marchands, et non des
maîtres de métiers engourdis par la routine et ligotés
par les règlements corporatifs, qui initiaient cette révolution industrielle. De notre temps on a vu les chemins
de fer construits et administrés non par les maîtres de
compagnies de diligence, mais par des financiers.

La manufacture ne pouvait attaquer l'organisation
corporative et se dresser contre les privilèges des maîtres de métier sans porter préjudice à l'artisan, qu'elle
semblait avantager par une plus grande abondance
de travail ainsi que par sa plus grande régularité et
un salaire plus élevé. La division du travail, qui augmente la productivité, mais réduit à son minimum l'habileté technique de l'artisan, naît dans la manufacture.
Toutes les opérations d'un métier furent analysées et
détachées les unes des autres : la fabrication d'une épin-
gle, par exemple, fut décomposée en une vingtaine
d'opérations, qui toutes furent confiées à des ouvriers
spécialisés. L'artisan, qui auparavant connaissait les
diverses opérations de son métier, les exécutait à tour
de rôle et créait une œuvre dans laquelle se reflétait sa
personnalité d'artiste, est dégradé à n'être plus que l'ouvrier parcellaire, condamné sa vie durant à n'exécuter
machinalement qu'une seule opération. Son individualité est également détruite ; il a maintenant besoin de
la coopération d'un certain nombre de camarades pour
faire le travail qu'autrefois il achevait tout seul. Il perd
son indépendance, car il ne peut travailler qu'à l'atelier patronal, et à la condition que d'autres ouvriers
travaillent avec lui ; il est un organe industriel de la

dustrie y jouissait de franchises dont elle était privée dans la
ville.

collectivité que réclame la production de l'œuvre. D'individualiste, la production est devenue collectiviste.

La manufacture, en désorganisant la production individualiste, réagit sur la population des campagnes et sur l'agriculture. L'artisan de la petite industrie individualiste vivait à la campagne ou dans de petites bourgades et possédait généralement sa maison et un petit champ ; il partageait son temps entre le travail industriel et agricole. La manufacture le divorce avec le travail agricole qu'il accomplissait sur son champ ou sur les terres des grands propriétaires ; elle le concentre dans les villes, qui brisent leurs enceintes fortifiées et s'étendent sur les campagnes d'alentour. Alors commence la dépopulation des campagnes, dont, dès le xviiie siècle, les propriétaires se plaignent amèrement. En même temps que la manufacture enlève des bras à l'agriculture, elle lui demande un surcroît de production pour nourrir les populations urbaines de nouvelle formation.

Aux débuts de la période collectiviste, la ville n'existait pas, même aux lieux de résidence des chefs militaires, revêtus de la puissance royale. Les princes de l'Inde voyageaient avec une troupe de guerriers, suivis d'artisans de différents métiers : l'endroit où ils campaient devenait une ville temporaire ; ils vivaient sur les redevances et les présents des campagnes environnantes. Les rois franks du vie siècle tenaient leur cour dans d'immenses fermes : autour de l'habitation royale se groupaient les logements des officiers du palais et des chefs de bande, dans la *truste* du roi. D'autres maisons de moindre apparence étaient occupées par un grand nombre de familles qui exerçaient toutes sortes de métiers,

depuis l'orfèvrerie et la fabrication des armes jusqu'à
l'état de tisserand et de corroyeur; depuis la broderie
de soie et d'or jusqu'à la plus grossière préparation de
la laine et du lin. Des bâtiments d'exploitation agricole,
des haras, des étables, des bergeries et des granges, les
masures des cultivateurs et les cabanes des serfs du domaine, complétaient le village royal[1].

L'absence de routes et la difficulté des communica-
tions empêchaient toute agglomération trop nombreuse;
il aurait été impossible de la nourrir. Les cités du
moyen âge, ne pouvant compter pour leur subsistance
que sur les produits agricoles de leurs alentours immédiats, étaient forcément condamnées à n'avoir qu'un
nombre restreint d'habitants[2]. Tant que le manque
de routes et l'insécurité de celles qui existaient rendirent difficile, sinon impossible, tout commerce de cité
à cité, on ne songea pas à se garantir contre l'exportation des produits agricoles. Mais dès que les moyens
de communication se perfectionnèrent et dès que l'on
commença à transporter les grains d'un endroit à un
autre, chaque ville, chaque province prit des mesures
pour empêcher la sortie des blés de son territoire et
pour prévenir leur accaparement. Toutes les villes
d'Europe ont édicté des règlements ordonnant que la
vente des blés se fît sur la place du marché et à des

---

1. Augustin Thierry, *Récits des temps mérovingiens.*

2. Il fut un temps que la plus grande ville commerciale du
monde, Londres, qui aujourd'hui ne peut subsister qu'en mettant à contribution l'univers entier, vivait de son agriculture:
chaque habitant possédait hors des murs un champ sur lequel il
récoltait son blé de consommation. Au viii° siècle, les principaux articles du commerce londonien étaient l'or, l'argent, des
esclaves, des chevaux et des métaux.

heures fixes, déterminant leurs prix maximum ainsi que la quantité que l'on pouvait acheter ; défendant, sous peine de confiscation, aux propriétaires de garder leurs récoltes pendant plus de deux ans ; et interdisant d'acheter le blé en grange ou sur pied[1].

L'agrandissement des villes et la difficulté de se procurer des provisions en dehors de leurs territoires faisaient de toute mauvaise récolte une année de disette et parfois de famine. Le grand souci des autorités municipales était la prévention des disettes : elles établissaient des greniers d'abondance où, en prévision des mauvaises récoltes, on emmagasinait du blé pour six mois et une année ; elles veillaient à ce que chaque année il y eût une quantité suffisante de terres emblavées, et limitaient les autres cultures. Un édit de 1577 s'occupe de restreindre en France les plantations de plus en plus étendues des vignes et ordonne que pour chaque nouvelle surface plantée en vignes on en consacre une double en blé.

L'agriculture, pour répondre aux nouveaux besoins des populations urbaines croissantes, dut se développer. Au XVIᵉ et au XVIIᵉ siècle, on défricha de nouvelles terres, on déboisa des forêts, on dessécha des marais et on agrandit les champs de blé. Les années de bonne récolte, les grains étaient si abondants que leurs prix

---

1. Au moyen âge, comme pendant la Révolution, on fixait un maximum que ne devait pas dépasser le prix de vente ; dans tous les pays civilisés, les industriels et les agriculteurs veulent obliger le consommateur à acheter à un prix maximum, en établissant des droits de douane : voilà où aboutit le libéralisme bourgeois, et l'intérêt que les capitalistes portent aux consommateurs et qui les force à abaisser constamment les salaires des ouvriers.

n'étaient plus rémunérateurs ; il fallait procurer des débouchés : on autorisait alors leur circulation de province à province et même leur exportation en Angleterre et aux colonies. Ces libertés n'étaient que temporaires ; dès que le blé atteignait un certain prix dans une localité, on interdisait son exportation. Pendant quatorze ans, de 1669 à 1683, l'exportation fut autorisée en France neuf fois et défendue cinq fois. Ces règlements multipliés ne parvenaient pas à prévenir les disettes locales ; souvent même ils les rendaient plus intenses, en empêchant la sortie des grains d'une province où ils abondaient ; car les villes menacées s'emparaient des blés qui traversaient leurs territoires, ou en interdisaient le passage, si elles craignaient la concurrence : Colbert dut employer la contrainte pour faire venir à Paris 2,500 sacs de blé que voulait retenir le parlement de Bordeaux. Aussi parfois une ville souffrait de la disette tandis que, vingt lieues plus loin, le blé abondait. La circulation du vin, de la laine et des autres produits agricoles étaient soumises à de semblables entraves : les ports de Bordeaux et de Marseille, pour faciliter la vente des vins de leurs territoires, empêchaient les vins des autres provinces d'arriver jusqu'à la mer[1]. Les derniers ministres de la royauté

1. La police marseillaise punissait du fouet les voituriers qui introduisaient du vin en contrebande. Les villes mêmes qui se plaignaient du monopole de Bordeaux et de Marseille en exerçaient un pareil dans leur banlieue et se fermaient aux vins étrangers, c'est-à-dire aux vins des cantons voisins. La petite ville de Veines, en Dauphiné, réclamant au conseil royal, en 1756, la confirmation de ses privilèges, avouait naïvement que la prohibition des vins étrangers lui était indispensable, « parce que sans cela ses propres habitants ne voudraient pas consommer les vins de son territoire, attendu leur mauvaise qualité ».

essayaient de démontrer l'inutilité et les dangers de ces interdictions ; ils les suspendaient pendant un temps, mais ils étaient constamment forcés de les rétablir. Il fallait une révolution pour les supprimer, pour déposséder les paysans de leurs droits séculaires qui grevaient la propriété foncière et s'opposaient au développement de l'agriculture moderne, et pour abolir les privilèges des corporations qui entravaient les progrès de l'industrie manufacturière.

Les corporations qui s'opposaient à l'établissement des manufactures dans leurs villes redoutaient surtout toute innovation ; elles interdisaient tout perfectionnement et l'emploi de tout procédé nouveau, afin que l'égalité industrielle entre les maîtres de métier ne fût détruite par le fait que l'un posséderait un avantage dont seraient privés les autres. Argand, l'inventeur des lampes à double courant d'air, qui triplaient le pouvoir éclairant de l'huile, fut attaqué au XVIIIᵉ siècle devant le parlement de Paris par la corporation des ferblantiers, qui réclamaient le droit exclusif de fabriquer des lampes. Les toiles imprimées n'obtinrent le droit d'être vendues que grâce à l'appui des grandes courtisanes royales, de Mᵐᵉˢ de Pompadour, du Barry et Marie-Antoinette. Les chambres de commerce de Rouen, de Lyon, de Tours et d'Amiens protestèrent énergiquement, prédisant la ruine de l'industrie et menaçant la France d'un cataclysme, si leur fabrication venait à être autorisée.

La révolution de 1789 débarrassa l'agriculture, le commerce et l'industrie des entraves féodales qui retardaient leur marche ; alors la propriété bourgeoise put en pleine liberté accomplir son évolution.

IV

L'agriculture capitaliste.

Le XVIIIe siècle s'occupa avec passion de l'agriculture, qui en France était des plus primitives. « C'est une vérité triste sans doute, mais incontestable, que l'agriculture n'a fait depuis les Romains que des progrès extrêmement lents, » écrivait un agronome avant la Révolution[1]. On était réduit à étudier et à commenter les auteurs latins comme les plus compétents en la matière; on imitait l'Angleterre, comme on le fait encore de nos jours; on importait ses races bovines et ses plantes fourragères; on introduisait la pomme de terre, connue en Europe depuis plus d'un siècle[2]; on

---

1. GILBERT, *Recherches sur les prairies artificielles;* Mémoire de la Société royale d'agriculture de Paris, tome II; 1788.

2. Les historiens fantaisistes de la bourgeoisie ont, à la légère, attribué l'introduction en Europe de la pomme de terre au philanthrope Parmentier, ennemi acharné des droits des paysans; elle se vendait couramment en Angleterre un shilling la livre en 1619. Les conquérants du Pérou l'avaient introduite en Espagne au commencement du XVIe siècle sous le nom de *papas;* de là elle passa en Italie, où elle prit le nom de truffe, *taratoufli.* Vers la même époque, un grand nombre de plantes comestibles et ornementales furent importées : le sarrasin, le brocoli, le chou-fleur, dont pendant longtemps on allait chercher la graine à Constantinople et à Chypre; la tulipe, qui, au milieu du XVIIe siècle, fut la première matière dont s'empara la finance cosmopolite pour spéculer.

Le rapport de MM. Vilmorin et Heuzé sur les *Origines de la pomme de terre,* contient des détails sur son histoire en France : préconisée par Gaspard Bauhins, elle se propage rapidement, vers 1592, dans la Franche-Comté, les Vosges et la Bourgogne. — Le parlement de Besançon interdit sa culture, « comme celle d'une substance pernicieuse, dont l'usage peut donner la lèpre ». L'agro-

multipliait les expériences de laboratoire[1], on les répétait sur une grande échelle, on répandait l'instruction
agronomique dans les villes et les campagnes; on fon-
dait des sociétés, des concours, des prix agricoles; on
inventait des instruments aratoires et on perfection-
nait ceux qui existaient[2]; on expérimentait le semoir
mécanique, la herse à dents de fer, etc. L'enthousiasme
pour l'agriculture de ce siècle merveilleux qui boule-
versa les industries, les idées et les sciences, ne connut
pas de bornes; les encyclopédistes déclaraient que
planter un arbre, c'était faire acte de vertu.

nome Duhamel conseille vivement, en 1761, sa culture. Turgot
se fait délivrer par la faculté de médecine un certificat consta-
tant que la pomme de terre est un aliment substantiel et sain.
Grâce à ses encouragements, on se met à la cultiver en plein
champ dans le Limousin et l'Anjou. En 1765, l'évêque de Castres
en distribue aux curés de son diocèse et leur enseigne la manière de la cultiver. Ce n'est qu'en 1778 que Parmentier commence sa campagne de vulgarisation.

1. La fureur des expériences arrivait au grotesque. Un des vo-
lumes de la Société royale d'agriculture contient le mémoire d'un
marquis qui raconte sérieusement ses tentatives infructueuses
pour faire pousser des plantes dans du mercure : il s'imaginait
sans doute que l'on pouvait mercurialiser les végétaux comme
les hommes.

2. « L'araire du Midi est à peu de chose près l'instrument ara-
toire décrit par Virgile (*Géorgiques*, livre Ier, vers 170-175); il divise assez bien la terre, mais ne la retourne pas : comme il ne
fouit qu'à 12 centimètres, il oblige à réitérer les labours jusqu'au
nombre de neuf pour préparer la terre à recevoir le froment. »
(Paris, *Économie rurale de l'arrondissement de Tarascon;* Société
d'agriculture de la Seine, 1811.) — « On laboure la terre de la
même manière qu'on a pratiqué sans doute dès la plus haute
antiquité. La charrue actuelle, l'araire, à cause de sa grande
simplicité, est un obstacle presque invincible à l'adoption d'une
charrue nouvelle. Le laboureur le plus ignorant la fabrique, la
monte et l'attelle, sans faire d'autres dépenses que celle du soc. »
(Farnaud, *Économie rurale du département des Hautes-Alpes;* Soc.
d'agr., 1811.)

Cette ardeur juvénile prouve à quel point les hommes du xviiie siècle comprenaient que, sous peine de mort, il fallait résoudre le problème agricole que posaient les populations industrielles sans cesse grandissantes. Des disettes périodiques les frappaient, occasionnant des révoltes menaçantes, qui préparaient le peuple à la révolution imposée par les phénomènes économiques, et que les écrits des philosophes et des économistes opéraient dans les esprits éclairés de la bourgeoisie.

Mais tous les efforts pour transformer l'agriculture échouaient devant l'obstacle insurmontable que leur opposaient le morcellement des cultures et des terres et les droits séculaires des paysans. Les terres possédées par ces derniers étaient divisées et subdivisées jusqu'à l'émiettement par des partages successifs après décès[1], et celles que détenaient les seigneurs et les bourgeois, bien que parfois d'une contenance considérable, étaient morcelées en petites métairies qui, au point de vue de la culture, les parcellaient en autant de petites propriétés : comme au moyen âge, c'était la culture paysanne, avec sa rotation triennale, ses ja-

---

1. « La répartition de la propriété foncière est si vicieuse, dit Neufchâteau, qu'un territoire ou un *finage*, s'il est de 500 hectares, est formé de cinq à six cents parcelles, qui appartiennent à cinquante ou soixante particuliers... Par l'effet des morcellements et des partages successifs, les champs ont reçu les figures les plus défavorables : il y avait des propriétaires qui possédaient 20 *hâtes* isolées (ces hâtes avaient une largeur de 4 à 5 mètres et une longueur indéfinie). Cette division provient non pas uniquement, mais principalement des partages des terres dans les successions, surtout entre frères et sœurs ; cette cause, agissant depuis un grand nombre de siècles, porte le mal à l'infini. » (*Voyage agronomique dans la sénatorerie de Dijon; 1806.*) — Le partage des biens entre tous les enfants, dont les réactionnaires font un crime à la Révolution, était la coutume générale de la classe paysanne.

chères et sa vaine pâture, qui se pratiquait sur la terre
des grands propriétaires. La petite propriété que, dans
un intérêt réactionnaire, vantent les politiciens bourgeois, est routinière et incapable de tout progrès, par le
manque de connaissances et de moyens pécuniaires de
son possesseur et par l'exiguïté de son champ d'opération ; partout où elle existe on peut constater la justesse de la remarque de Lécpold Delisle : « Un fait important, dit-il dans la préface de son *Histoire des
classes agricoles du moyen âge,* c'est l'état stationnaire
dans lequel est restée notre agriculture depuis huit siècles, du Xe au XIXe. Presque toutes les pratiques que
nous trouvons décrites dans nos cartulaires sont encore aujourd'hui suivies par nos laboureurs, tellement
qu'un paysan du XIIIe siècle visiterait sans grand étonnement beaucoup de nos petites fermes. »

Le premier obstacle à abattre pour permettre à l'a-
griculture moderne d'entrer en scène était le vieux
droit coutumier qui défendait aux propriétaires de
clore leurs champs après la moisson : ce droit interdisait tout changement de culture et tout essai de nouvelles plantations, sous peine de voir les récoltes livrées
au pillage des bestiaux de la commune. On avait essayé de le supprimer avant la Révolution : en 1777,
Necker autorisait par un édit royal les propriétaires
et les fermiers du Boulonnais à clore leurs prés, malgré la coutume du pays qui ne permettait de clore que
la cinquième partie des propriétés et qui accordait à
tout le monde la jouissance des prés et des terres en
jachère ; le 23 juin 1785, un arrêt du parlement de
Paris révoquait le droit de pâture après les récoltes
dans quelques paroisses de son ressort ; en Picardie et

en Normandie, la vaine pâture avait été défendue en plusieurs localités. La Révolution compléta d'un coup l'œuvre timidement commencée.

L'abolition, sans compensation d'aucune sorte, de ce droit acquis et le partage des biens communaux portaient un coup terrible à la petite propriété et à son mode de culture; elle enlevait aux paysans la possibilité de posséder du bétail pour se nourrir et se vêtir et de l'engrais pour fumer son champ. Immédiatement la révolution agricole commence, les forêts se déboisent, les marais et les étangs si nombreux alors se dessèchent, les jachères se cultivent, les prairies artificielles se sèment, les vignobles s'agrandissent, les emblavures s'étendent, les cultures nouvelles s'introduisent et se multiplient, et les produits circulent et arrivent en abondance dans les villes industrielles[1].

1. Le volume de 1810 de la Société d'agriculture de la Seine donne des chiffres qui indiquent l'extension des cultures dans une partie de la Haute-Saône.

TABLEAU SYNOPTIQUE SUR L'AGRICULTURE DE LA HAUTE-SAÔNE, POUR LA SUBDÉLÉGATION DE VESOUL, LORS DE L'AVÈNEMENT DE LOUIS XVI, COMPARÉ AUX ARRONDISSEMENTS DE VESOUL ET DE LURE LORS DE L'AVÈNEMENT DE NAPOLÉON Ier.

	1774	1805	PRODUCTION		VALEUR en ARGENT	
			1774	1805	1774	1805
Population.						
Communes............	455	452				
Habitants............	176.323	211.894				
Ménages.............	37.827	44.854				
Division agricole.						
Charrues traî- { Chevaux.	3.160	3.109				
nées par des { Bœufs...	5.733	6.688				
	8.893	9.797				

Le mouvement fut si général que les disettes, si fréquentes avant et pendant la Révolution, se raréfient et

TABLEAU SYNOPTIQUE SUR L'AGRICULTURE DE LA HAUTE-SAÔNE (SUITE)

		1774	1805	PRODUCTION		VALEUR en ARGENT	
				1774	1805	1774	1805
				Quintaux métriques.		Par quintal.	
Hectares cultivés en	Blé........	26.676	35.765	291.647	350.635	20ᶠ	23ᶠ
	Seigle.....	13.135	11.922	168.685	93.504	10	17
	Orge......	16.872	19.095	209.697	130.907	12	14
	Avoines ...	10.712	28.612	133.066	112.204	10	11
	Menus grains et légumes.	11.320	17.464	152.837	283.686	8	8
		77.715	122.928	955.932	969.936		
Hectares cultivés en	Navette ...	1.470	856	7.920	3.900	20	25
	Colza	»	95	»	390	»	26
						En filasse.	
	Chanvre...	1.719	3.590	7.368	15.058	100	150
	Lin	105	480	240	1.372	140	180
	Tabac.....	35	46	800	913	36	48
		3.329	5.067	16.328	21.333		
Hectares en prairies	naturelles..	30.128	34.064	1.584.200	1.522.400	6	6
	artificielles.	»	180	»	7.560	»	8
		30.128	34.244	1.584.200	1.529.960		
Vignes...............		5.341	5.745	Hectolitres. 96.630	54.000	12	15
Bois futaie...........		18.180	4.688	Stères. 658.120	645.160	1.50	5
Bois taillis...........		54.542	100.258				
		72.722	101.946			Un poulain de 6 mois.	
Bestiaux.	Chevaux de toute espèce.	10.859	11.891			50	70
						Un veau.	
	Bêtes à cornes....	69.060	80.484			8	15
						Agneaux.	
	Bêtes à laine......	44.764	67.754			2	3
					Porc le kil.	0.40	0.60

Les chiffres de 1774 sont pris du tableau du recensement fourni

s'atténuent, et les propriétaires ne sont plus préoccupés de comment produire pour satisfaire la demande, mais de comment trouver des consommateurs pour leur production accrue. Alors commencent leurs lamentations sempiternelles sur l'avilissement des prix, qu'ils protègent par des tarifs douaniers. La valeur des biens-fonds monte, et les nobles sont enrichis par cette révolution qui les avait débarrassés de leurs privilèges surannés et nuisibles à leurs intérêts de propriétaires fonciers.

L'agriculture moderne n'attend plus maintenant que des débouchés sans cesse grandissants pour donner la mesure de son étonnante productivité : les chemins de fer et l'industrie capitaliste les lui fournissent. La grande industrie mécanique peut sans crainte aspirer la population des campagnes et entasser dans ses villes des prolétaires par milliers et centaines de milliers : l'agriculture capitaliste est en mesure de les nourrir et de pourvoir à tous leurs besoins.

Ce développement prodigieux ne s'est pas effectué sans des inconvénients d'une gravité extrême. Le déboisement des forêts, livré sans contrôle à l'aveugle rapacité des propriétaires bourgeois, a dénudé des montagnes et a transformé des fleuves bienfaisants en torrents dévastateurs. La production continue ne permet pas à la terre de se reposer et de refaire sa fertilité; l'exportation des produits agricoles dans les villes, que déjà Vauban signalait dans sa *Dîme royale* comme une cause

à l'ancienne intendance, d'un travail sur des informations rurales, et d'un état des récoltes rédigé par M. Miroudel de Saint-Fergeux, subdélégué aux départements de Vesoul et de Luxeuil; les chiffres de 1805 sonts extraits de la statistique du département de la Haute-Saône.

d'appauvrissement du sol, interrompt la circulation de la matière qui se faisait quand, le producteur et le consommateur demeurant dans les champs, on rendait à la terre ce qu'on lui dérobait. La Terre, la mère féconde de tout ce qui vit, s'épuise ; dans les pays civilisés elle ne donne plus ses récoltes que si on la gorge de guano, que l'on va chercher en Amérique, et d'engrais chimiques, de préparations artificielles. L'Angleterre, la première nation qui appliqua sur une grande échelle l'agriculture intensive, fut aussi la première à en ressentir les terribles conséquences : dès 1830, les agriculteurs anglais venaient dans le Midi disputer aux cultivateurs de Provence les marcs et les tourteaux des huileries de Marseille et d'Aix ; ils allaient même sur les champs de bataille de la République et de l'Empire chercher la terre engraissée par les cadavres des soldats. Ils furent aussi les premiers à employer les engrais artificiels à haute dose et à remplacer le travail humain insuffisant par celui de la machine. Mais les engrais, les semences des plantes améliorées, les machines, le bétail et toutes les applications de l'agriculture moderne exigent des capitaux, de grands capitaux. On calcule en Angleterre qu'un fermier doit posséder en moyenne un capital roulant de 1,000 à 1,500 francs par hectare pour faire de la bonne culture. L'agriculture est aujourd'hui devenue une industrie capitaliste.

Il faut passer en Amérique pour voir dans son complet épanouissement l'agriculture capitaliste, le *financial farming,* comme disent les Yankees. Les financiers montent une exploitation agricole comme on établit une usine métallurgique ou un tissage mécanique; au lieu de produire des machines ou des tissus de coton, on fabrique des grains, des fruits et de la viande. En 1857, L. de Lavergne donnait en exemple une ferme de l'Oise où l'on cultivait cinq cents hectares de betteraves et récoltait trois mille hectolitres de froment, et une autre du Pas-de-Calais où l'on semait mille hectares de betteraves et nourrissait mille têtes de gros bétail. « Il n'y a rien de plus colossal en Angleterre, » s'écriait-il avec orgueil[1]. Mais combien sont petites les colossales fermes d'Europe à côté des *bonanza farms* du nouveau monde !

Depuis 1874, un cultivateur américain qui un instant eut une célébrité mondiale, M. O. Dalrymple, dirige pour une compagnie financière six fermes d'une contenance de trente mille hectares. Il les a divisées en sections de 800 hectares, subdivisées en trois lots de 267 hectares reliés télégraphiquement à l'administration centrale. Les 30,000 hectares sont cultivés par une armée de six cents journaliers organisés militairement ; à l'époque de la moisson, l'administration centrale embauche cinq ou six cents travailleurs supplémentaires, qu'elle distribue entre les sections. Dès que les travaux de l'automne sont terminés, les hommes sont licenciés, à l'exception des contremaîtres et de dix hommes par section. Dans certaines fermes du Dakota et du Minnesota, les chevaux et les mulets n'hivernent pas sur les lieux de leurs travaux; les chaumes retournés, on les envoie par troupes de cent et deux cents paires à 1,000 et 1,500 kilomètres dans le sud, d'où ils ne reviennent qu'au printemps.

1. Léonce de Lavergne, *l'Agriculture et la Population;* 1857.

Des mécaniciens à cheval accompagnent au travail les charrues, les semoirs et les moissonneuses ; au moindre dérangement, en un temps de galop, le mécanicien est auprès de la machine pour la réparer et la remettre en marche. Les blés sont transportés aux batteuses, qui fonctionnent jour et nuit ; elles sont chauffées avec des bottes de paille que l'on enfourne à l'aide de tuyaux de tôle. En Californie, le *géant étêteur (the giant header),* que pousse un attelage de quatre et de huit chevaux, fauche, en un seul mouvement, avec ses lames vibrantes, les épis à deux pouces de leur base, sur une surface de 16 à 28 pieds carrés ; un tablier tournant les ramasse et les déverse dans un chariot, où ils sont dépiqués et mis en sacs. La paille restée sur pied est flambée[1]. Les grains battus, vannés, pesés et ensachés automatiquement, sont transportés au chemin de fer qui longe les fermes de Dalrymple, et de là à Duluth ou à Buffalo. Chaque année il augmente

---

1. Pline et Palladius mentionnent chez les Gaulois l'embryon d'une semblable machine. Dans les vastes plaines de la Gaule, dit Palladius, dans son *De re rustica,* on emploie une expéditive méthode de moissonner qui dispense du travail humain : avec un seul bœuf on fait la récolte de tout un champ. On construit une charrette sur deux roues basses ; sa surface carrée est bordée de planches évasées, de façon à ce que le fond soit moins large que l'ouverture d'en haut ; les planches de la partie antérieure sont moins élevées que sur les côtés ; elles sont armées à leur bord supérieur d'une nombreuse rangée de petites dents, légèrement recourbées en haut et distancées de la grosseur d'un épi ; en arrière se trouvent deux brancards dans lesquels on place le bœuf, la tête tournée du côté de la charrette, qu'il pousse devant lui. A mesure qu'il avance dans le champ de blé, les épis saisis entre les dents du devant sont coupés et tombent dans la charrette, tandis que la paille reste sur pied ; en quelques heures, ajoute l'écrivain latin, la récolte est faite sans fatigue.

ses emblavures de 2,000 hectares; en 1880, elles couvraient une surface de 18,000 hectares.

En même temps que la bourgeoisie européenne enlevait aux paysans leurs biens communaux et abolissait leurs droits, elle les chargeait d'impôts d'argent et de sang, les livrait aux usuriers, qui les transformèrent en propriétaires nominaux, et à la concurrence des grands propriétaires et des fermiers de l'Amérique et de l'Inde. Ces causes et d'autres encore précipitèrent l'expropriation du petit cultivateur et sa transformation en prolétaire. L'agriculture financière de l'Amérique a créé un prolétariat agricole spécial.

La grande masse des travailleurs des États granifères de l'Union américaine se compose de prolétaires qui ne possèdent pas un pouce de terre, pas une chaumine de boue et de paille, pas même les lits sur lesquels ils couchent et les cuillers avec lesquelles ils mangent; il réalisent l'idéal de l'animal humain dépouillé de toute propriété privée; hormis ce qu'ils s'approprient directement sous forme de nourriture et de vêtements, ils ne possèdent rien. Ils n'ont pas de demeures fixes dans les champs, qu'ils abandonnent pour la ville, quand les travaux sont terminés. Les directeurs des *fermes financières* les recrutent partout, dans les villages et les grandes villes, les embauchent pour la campagne agricole, les organisent avec des maîtres et des contremaîtres et les expédient sur leurs terres; ils sont logés, nourris, blanchis, médicamentés, et reçoivent leurs salaires mensuellement. Ils sont organisés en véritables bataillons agricoles et obéissent à une discipline militaire ; ils se lèvent, mangent, travaillent et se couchent à heure fixe. Dans le cours de la semaine ils ne peuvent se procurer des spiritueux; le dimanche seulement il leur est permis d'aller en boire aux cabarets des villages avoisinants. Après les travaux d'automne, on les licencie, ne gardant en hiver sur la ferme que quelques hommes pour soigner les bestiaux et l'outillage. Ils retournent alors dans les villes exercer le métier qu'ils trouvent.

La transformation de la propriété foncière, de son mode de culture et de la population des campagnes a été imposée par les transformations qui s'accomplissaient dans la propriété industrielle et financière. Les campagnes, pour fournir à l'industrie les hommes et l'argent dont elle avait besoin pour ses ateliers et ses gigantesques travaux (chemins de fer, percement de montagnes, usines, etc.), qui n'ont de comparables que les colossales œuvres de l'époque communiste primitive, durent se dépeupler et vider les cachettes où les paysans enfouissaient leurs épargnes. Les hommes se sont engouffrés dans les villes industrielles, et l'argent dans le coffre-fort des financiers.

Aux époques précédentes, les citoyens, à l'exception d'une infinie minorité de nobles, d'hommes d'armes, de prêtres et d'artisans, produisaient leur propre nourriture par le travail de la terre : dans la société capitaliste, une masse sans cesse grandissante de citoyens est arrachée au travail agricole pour être exclusivement vouée au travail industriel et commercial, et sa subsistance repose sur le travail de la population consacrée à la production agricole. Cette situation est grosse de révolutions.

La masse d'hommes soustraite aux travaux des champs est si considérable que l'agriculture des pays

civilisés est condamnée à se maintenir dans un état
permanent de révolutions culturales; mais, en dépit de
ses progrès persévérants et multipliés, elle redevient,
comme la petite culture du moyen âge, impuissante à
nourrir les populations industrielles, parce qu'elles
croissent trop vite et que les financiers et les industriels,
après avoir enlevé les hommes à la terre, soustraient
continuellement de nouvelles terres à la culture pour
les consacrer à leurs plaisirs privés, pour les transformer en biens d'agrément et en territoires de chasse.

Le problème que l'industrie manufacturière posait au
XVIIIe siècle, la grande industrie mécanique le pose une
seconde fois au XIXe. L'agriculture l'avait résolu au
commencement du siècle en étendant les terres culti-
vables et en révolutionnant leur mode de culture. Le
problème ne se résout au XIXe siècle que par la réduc-
tion constante de la pitance quotidienne des populations
ouvrières, condamnées au plus strict minimum de nourriture, et que par le comblement des déficits de l'agriculture nationale par les importations agricoles de la
Russie, de l'Amérique, de l'Australie et des Indes; que
par la création du commerce international des produits agricoles : la France importe plus d'un cinquième
du blé qu'elle consomme, et l'Angleterre, le pays le
plus industrialisé du globe, recourt aux pays étrangers
pour plus de la moitié de ses moyens de subsistance[1].

1. Les viandes de cheval, d'âne et de mulet, contre lesquelles
existait un préjugé populaire, ont été dernièrement introduites
dans la consommation des classes pauvres, qui ne peuvent se
procurer que rarement la viande de bœuf et de mouton. La religion chrétienne les avait interdites pour combattre le paga-
nisme : dans les cérémonies païennes on tuait et mangeait des
chevaux. La civilisation capitaliste travaille à faire table rase

La propriété foncière bénéficia au XVIII° siècle de la transformation industrielle; elle en souffre au XIX°. Le commerce international des produits agricoles fait entrer en lutte les terres vierges des pays nouveaux avec les terres épuisées des pays civilisés, qui ne renouvellent leur fertilité que par une surabondance d'engrais et de travail. Cette concurrence précipite la propriété foncière européenne dans une crise permanente, dont elle ne sortira que par la socialisation de la terre.

V

L'industrie et le commerce capitalistes.

La ville du moyen âge formait une unité économique ; elle possédait dans son sein tous les corps de métiers que nécessitaient les besoins de ses habitants ; le commerce entre les villes était accidentel et se limitait à un très petit nombre d'objets, généralement de luxe. La production capitaliste, parvenue à un certain point de son développement, détruit cette indépendance économique ; elle dissocie les métiers, les isole, en centralise un ou plusieurs en des localités spéciales, favorables à leur prospérité. Ni une ville ni même une province ne doivent plus se charger de la production de tous les objets de consommation de leurs habitants ; elles se limitent à manufacturer certaines marchandises et se reposent sur d'autres pour avoir ceux qu'elle a cessé de produire et que le commerce grandissant lui procure. Les ateliers de soieries qu'on avait essayé

des bases sur lesquelles elle s'est élevée et à acheminer l'humanité vers les mœurs et les coutumes du communisme primitif.

de disséminer en France s'étaient presque entièrement centralisés dans Lyon et ses environs à la fin du siècle dernier : depuis que l'on mélange le coton aux tissus de soie, ils se rapprochent des centres cotonniers. Le tissage du lin et de la laine, qui se pratiquait dans toutes les villes et tous les villages, se concentre dans certaines régions, tandis que le fer, le blé, la préparation des peaux, la cordonnerie, etc., se centralisent dans d'autres.

A la place des anciennes unités économiques, qui étaient communales, surgissent des unités économiques d'un autre genre. Les anciennes unités étaient complexes, en ce sens qu'elles étaient formées par l'agglomération dans une même ville de toutes les industries nécessaires à la vie de ses habitants ; mais les unités modernes sont simples, en ce sens qu'une seule industrie, avec quelques autres complémentaires, les constituent ; ici le coton, là le fer, la houille, le sucre, les cuirs, etc. Une nation capitaliste, comme la France, ne se subdivise plus en provinces autonomes d'après sa configuration géographique et ses traditions historiques, mais en unités économiques simples, en districts cotonniers, vinicoles, en régions granifères, betteravières, en centres sidérurgiques, carbonifères, etc. Toutes ces cités industrielles sont reliées entre elles par des besoins réciproques, aucun centre industriel ne pouvant, comme les villes du moyen âge, vivre un mois, une semaine, sans les produits des autres centres. Si, par exemple, la ville de Rouen tisse des cotonnades pour toute la France, elle tire ses soieries de Lyon, ses fers de Montluçon, ses blés de la Beauce, ses bestiaux du Nord, ses houilles du Pas-de-Calais, ses huiles de Marseille, ses vins de l'Hérault, etc. Une nation capitaliste est un gigantesque atelier ; chaque spécialité de la production sociale s'exécute en des centres spéciaux, séparés par de grandes distances, mais étroitement unis par des besoins réciproques. L'autonomie politique des villes du moyen âge, conséquence de leur autonomie économique, ne peut plus exister ; la division du travail en des centres spéciaux reliés par des besoins économiques et des liens commerciaux sert de base à l'unité politique des nations capitalistes.

La production capitaliste, qui a détruit l'unité locale et provinciale de la production artisane, est en train de détruire l'unité nationale de sa propre création et à la remplacer par une plus vaste unité, par une unité internationale.

L'Angleterre, qui fut la première nation à s'outiller mécaniquement, eut la prétention de réduire les autres nations à n'être que des pays agricoles, se consacrant à la production de ses vivres et de la matière première, qu'elle se réservait de transformer. Le Lancashire devait tisser tout le coton des Indes et des États-Unis[1]. Cet essai prématuré de monopolisation industrielle internationale a échoué. L'Amérique fabrique aujourd'hui

1. Disraéli eut l'honneur de développer ce plan en 1880, pour consoler les propriétaires fonciers des pertes essuyées par la concurrence américaine ; il proposait d'englober l'Angleterre et ses colonies (les Indes, l'Australie, le Canada, etc.) en une vaste union douanière qui exclurait tous les produits industriels et agricoles des autres nations. Les colonies fourniraient les subsistances et la matière première de l'industrie à l'Angleterre, dont les terres seraient transformées en pâturages et en territoires de chasse.

des cotonnades au delà de ses besoins, et les Indes,
dont l'industrie cotonnière fut ruinée par l'Angleterre,
se sont mises à filer et tisser mécaniquement. En 1870,
la consommation de coton de ses fabriques était de
87,000 balles, et le nombre de broches à l'œuvre, de
338,000 ; en 1884, la consommation de coton s'élevait à
555,000 balles, et le nombre de broches à 1,700,000[1].
L'Inde a été le berceau de l'industrie du coton : les
calicots venaient primitivement de Calicut, et la mous-
seline n'arrivait en Europe que par la voie de Mousul :
dans un avenir plus ou moins prochain, les cotonnades
indiennes fabriquées à proximité des lieux de produc-

1. THOMAS ELLISON, *the Coton trade of Great Britain;* 1885.
Le gouvernement japonais importait d'Europe, en 1879, des machines nouveau modèle à filer le coton et les faisait distribuer dans
certains districts de l'Empire. A partir de 1881-82, des sociétés
financières entreprirent la création de nouveaux ateliers, si bien
que le nombre de bobines, qui n'était que de 35,000 en 1884, se
montait en 1892 à 380,000 ; vingt mille ouvriers étaient employés
dans les fabriques. Le chiffre des importations des fils de coton
diminue chaque année au Japon : en 1888, la valeur de ces importations était de 13,611,000 yen d'argent ; en 1890, de 9,928,000 ; en
1891, de 5,589,000. Avant peu, les Japonais suffiront complètement aux besoins de leur pays et chercheront des débouchés
vers la Chine et la Corée.

La guerre sino-japonaise, qui a éclaté depuis que cette note
est écrite, aura son contre-coup en Europe. Elle forcera la Chine
à sortir de son immobilisme et à s'ouvrir à la civilisation capitaliste, qui bouleversera son organisation sociale, basée sur la propriété collective et la famille patriarcale. Ce ne seront plus des
milliers de malheureux qui se presseront dans les ports du littoral
pour aller chercher au loin du travail, ce seront des millions.
Alors commencera dans les pays de l'Occident cette émigration
des Chinois, que la *Société des économistes,* dans sa séance du
5 mai 1880, réclamait « pour abaisser les salaires et les prétentions
des ouvriers européens ». Mais elle amènera un résultat que les
Économistes n'avaient pas prévu ; elle hâtera la venue de la Révolution sociale.

tion du coton envahiront de nouveau les marchés européens, et à leur tour sèmeront des ruines dans le Lancashire et les centres cotonniers du continent. Ce ne seront plus Manchester et Rouen qui exporteront des cotonnades en Asie, en Afrique, mais les Indes, le Japon. la Chine, les États-Unis. Un industriel yankee, prévoyant le sort réservé aux fabricants anglais, leur conseillait charitablement de transporter dans la Louisiane leurs machines, pour tisser les coton̨ qu'ils auraient sous la main sans frais de transport.

Nous assistons à un déplacement international d'une industrie; les fabriques se rapprochent des centres de production agricole de leur matière première. Mais avant de devenir des centres industriels internationaux, les États-Unis et les Indes tenaient l'Europe sous leur dépendance. La guerre de Sécession, en suspendant, de 1861 à 1865, la production du coton dans les États esclavagistes, a jeté sur le pavé les ouvriers cotonniers de France et d'Angleterre, a poussé à l'extrême la culture du coton, « la plante d'or », en Égypte, a appauvri les fellahs et a livré les finances égyptiennes aux Rothschild et aux crocodiles de la finance cosmopolite.

La production granifère tend à se centraliser dans certaines régions du globe. L'Amérique et les Indes produisent une partie du blé que consomme l'Angleterre, qui au xviiie siècle récoltait au delà de ses besoins. Les nations civilisées sont aujourd'hui dans la dépendance les unes des autres et dans celle des pays demi-civilisés, pour leur matière première et leur subsistance et pour l'écoulement de leurs marchandises. Ces besoins économiques internationaux, qui vont se multipliant, serviront de base, dans l'avenir, à l'unité politique du genre humain.

Le commerce précède et suit la production dans sa marche. Si au moyen âge on ne trafiquait entre les villes qu'aux époques de foire, où l'on vendait et achetait pour toute l'année, le trafic avait cependant pris un caractère international, dès que les croisades eurent mis en communication l'Occident avec l'Orient. Mais les difficultés et les dangers des transports ne rendaient possible que le trafic d'un petit nombre d'objets de luxe. La découverte de l'Amérique augmenta considérablement le nombre des objets commerçables ; les marchands poussèrent à leur multiplication. Ainsi qu'on l'a dit précédemment, ce sont eux qui établirent les manufactures et commencèrent la révolution de l'industrie corporative. Le commerce national s'agrandit à mesure que les villes, se limitant à la manufacture d'un certain nombre d'articles, durent se procurer les autres. Dès que la production capitaliste eut besoin des pays étrangers pour l'approvisionnement de ses matières premières, l'écoulement de ses produits et la subsistance de ses populations ouvrières, le commerce international se développa avec une rapidité extraordinaire. Le marchand, dont l'influence était insignifiante dans la production corporative, acquiert, grâce à l'indispensabilité du commerce dans la production capitaliste, une puissance qui lui permet de dominer l'industrie.

*
* *

La production capitaliste n'a progressé, de la désorganisation des unités locales et provinciales à la formation des unités politiques nationales, qu'en constituant des organismes industriels qui n'ont pu être créés que par la centralisation locale de la production et par la décomposition du procès de production. Ainsi, tandis que la production manufacturière agglomérait dans ses ateliers les artisans et les moyens de production, elle y introduisait la division du travail, qui décomposait l'instrument et l'ouvrier et les condamnait à n'exécuter qu'une seule spécialité. Les instruments de l'industrie artisane sont simples et peu nombreux, tandis que ceux de l'industrie manufacturière sont complexes et multiples. A mesure que l'artisan parcellaire ne devient propre qu'à une seule opération, l'outil suit une marche parallèle et devient parcellaire : dans certaines manufactures il existe, par exemple, un nombre considérable de marteaux de poids et de forme différents ; chaque marteau est affecté strictement à une opération spéciale. L'industrie mécanique défait l'œuvre de la manufacture ; elle arrache les outils des mains de l'ouvrier parcellaire et les annexe à une armature de fonte et d'acier, qui est pour ainsi dire le squelette de la machine-outil, et les instruments annexés en sont les organes. La machine-outil est une synthèse mécanique.

Mais la production capitaliste opère une autre synthèse.

Il existe une unité économique dans l'industrie domestique : la même famille transforme les matières premières (lin, chanvre, laine, etc.) qu'elle produit. Cette unité se désagrège vite, puisque dans les villages collectivistes on voit certaines industries échoir à des individus qui, pendant des générations, sont de nais-

sance charrons, forgerons, tisserands, etc.,; pour retrouver une unité économique, il ne faut plus envisager
une famille isolée, mais le village tout entier. Avec le
développement du commerce et de la production, ces
industries individualisées se multiplient et deviennent
des spécialités réservées à de certains artisans groupés
en corporations.

C'est sur la base de l'individualisation des industries
que la production capitaliste débute : elle crée des ateliers de tissage, de filature, de peignage, de charronnage, d'ébénisterie, etc., dans l'intérieur desquels la
division du travail et la machine accompliront leur
révolution. Mais ces ateliers finissent par devenir de
colossales fabriques dans lesquelles on n'exécute qu'un
seul genre de travail : les filatures ne font que filer,
les tissages que tisser, les peignages que peigner, etc.
Ces fabriques spécialisées commencent à sortir de leur
isolement et s'agglomèrent de façon à ce que plusieurs
fabriques deviennent les annexes d'une fabrique spéciale. Des peignages, des teintureries, des imprimeries
sur étoffes, viennent s'agglomérer autour d'une filature
ou d'un tissage mécanique. De sorte que, sous la même
administration capitaliste, la matière première subit
toutes ces transformations industrielles. Mais ce ne
sont pas seulement des industries complémentaires,
telles que peignage, filature, tissage, imprimerie, qui
se centralisent de la sorte, mais des industries absolument distinctes. Cette centralisation industrielle ne
se fait pas forcément dans un même lieu ; parfois les
fabriques qui se concentrent sous le même capital sont
placées en des régions et en des pays différents et
très distants.

Les banques nationales, telles que la Banque de France et la Banque d'Angleterre, sont des types de ces organismes industriels complexes qui posent leurs membres sur tous les points du territoire. Une banque nationale possède des papeteries pour la fabrication du papier de ses billets, des ateliers de gravure et des presses pour leur impression, des appareils d'agrandissement photographique pour déceler leurs falsifications, etc. ; elle établit des centaines de succursales dans les centres industriels et commerciaux, noue des relations avec les banquiers des villes et des campagnes et avec les banques nationales étrangères. La banque centrale devient le cœur du système financier du pays ; et ce système est si savamment organisé que ses pulsations, c'est-à-dire la hausse et la baisse de son escompte, retentissent jusqu'au fond des campagnes et réagissent même sur le marché monétaire des autres pays.

Le *Times*, le journal de la cité de Londres, est un autre type frappant de ces organismes industriels : il possède une légion de correspondants disséminés dans toutes les parties du globe; il est relié par des fils télégraphiques aux principales capitales du continent; il fabrique son papier, fond ses caractères, enrôle une équipe de mécaniciens pour réparer ses machines dans ses ateliers de construction; il compose, cliche et imprime ses seize énormes pages et les distribue aux détaillants; il ne lui manque que des champs d'alfa en Afrique pour récolter la matière première de son papier : cela viendra.

Il arrivera un moment où les fabricants de cotonnades des États-Unis et des Indes annexeront à leurs métiers mécaniques des champs de coton et des ateliers de couture : déjà des industriels écossais ont ouvert à Londres des magasins de tailleurs où ils débitent sous forme d'habits les lainages qu'ils tissent, filent, teignent et peignent.

La production capitaliste s'achemine peu à peu vers la reconstitution de l'unité économique de la production domestique : la même famille paysanne produisait autrefois la matière première et la transformait; la même administration capitaliste entreprendra la production première, sa complète transformation industrielle et sa vente au client.

Le commerce de détail suit une marche parallèle. L'ancienne boutique qui ne débitait qu'un seul article cède la place au bazar qui réunit dans un même local les spécialités les plus diverses. Il existe à Londres des magasins où l'on vend tout ce qui est nécessaire pour vêtir, loger, nourrir et médicamenter l'homme. Ces boutiques sont des synthèses commerciales. Mais ces Louvres et ces Bon-Marché reproduisent sur une échelle gigantesque ces épiceries de village où l'habitant rencontre, à coté du sucre, du café et des bougies, de la mercerie, de la coutellerie, de la cordonnerie et autres objets utiles : parfois ces petits Louvres de village logent les voyageurs, débitent de la boisson, vendent du tabac et le *Petit Journal*. Ils sont, dans leurs minuscules proportions, plus complets que les bazars parisiens, car ils satisfont tous les besoins matériels et intellectuels des clients de leur milieu.

La production capitaliste avec la division du travail détruit dans la manufacture l'unité de travail représentée par l'artisan ; puis elle reconstitue cette unité

dans la fabrique ; ce n'est plus l'ouvrier, mais le travailleur de fer, la machine, qui représente cette nouvelle unité de travail : elle tend maintenant à constituer de gigantesques organismes de production, formés
par les industries les plus diverses et les plus opposées : les industries spéciales, qui sont pour ainsi dire
les fonctions physiologiques de ces monstres de travail,
peuvent être situées à des distances énormes les unes
des autres et être séparées par des frontières politiques
et des obstacles géographiques. Ces ogres internationaux de travail consomment de la chaleur, de la lumière,
de l'électricité et d'autres forces de la nature aussi bien
que des forces musculaires et cérébrales de l'homme.

La matière humaine du XIXe siècle est coulée dans
ce moule économique.

VI

La finance capitaliste.

La propriété mobilière sous la forme or et argent se
transformait en même temps que la propriété industrielle évoluait dans la manufacture et la fabrique
mécanique. Ces deux métaux, même monnayés, ont au
début un caractère purement personnel ; leur possesseur les thésaurise dans de secrètes cachettes et ne
s'en sert que comme objets d'ornement ; c'est encore
un de leurs principaux usages dans les Indes et les pays
orientaux. Ils n'interviennent qu'à de rares occasions
dans l'échange des produits, qui d'ordinaire se troquent entre eux : ainsi les rois féodaux pouvaient fabriquer de la fausse monnaie et changer le titre et le poids

des pièces sans nuire considérablement aux transactions commerciales de leurs sujets. Mais lorsque la
période marchande commence, l'or et l'argent deviennent signes représentatifs de la valeur, l'étalon qui
mesure toutes les marchandises : ils acquièrent alors le
droit de procréer des petits légitimes, de porter légalement intérêt.

Le prêt à intérêt est jusque-là considéré chose déshon-
nête, que l'on ne doit exercer que contre l'étranger,
qui est l'ennemi, dit le vilain Dieu des juifs. Il fut condamné par les papes et les conciles[1]. Les gens qui s'y
livraient étaient méprisés et haïs : des dangers de
toute nature les menaçaient ; ils risquaient leur argent
et souvent leur vie. Les juifs du moyen âge, ces accu-
mulateurs de l'or et de l'argent, sachant à quels périls
ils exposaient leur cher trésor, ne se fiaient pas à la pa-
role des rois et des seigneurs et ne faisaient des avances
que contre dépôts de diamants de la couronne, de pierres précieuses, de pièces diplomatiques, et autres garanties aussi positives. La bourgeoisie réhabilita le prêt à
intérêt et fit du métier de prêteur la plus lucrative et
la plus honorable fonction de l'homme civilisé : vivre
de ses rentes est le grand idéal bourgeois.

1. Une révolution religieuse caractérisa le mouvement économique du xvie siècle : tandis que le pape de Rome, ce représentant religieux du vieux système économique qui s'écroulait, ful-
minait ses foudres contre l'intérêt de l'argent, l'antipape de
Genève, Calvin, ce représentant religieux du système économique qui naissait, en proclamait au contraire la légitimité, au nom
de toutes les vertus théologales. Le protestantisme, avec son abolition des saints et de leurs jours fériés, la condamnation du
droit à l'assistance et de l'aumône, sa théorie de la grâce, etc.,
est la véritable expression religieuse du mode de production
capitaliste.

Durant tout le moyen âge, les juifs, honnis par le peuple et torturés par les nobles, furent ballottés d'oppression en oppression ; un prince à court d'argent, sous un prétexte religieux, les chassait après les avoir dépouillés et martyrisés ; un autre prince ne les accueillait, fuyant avec leurs trésors, que pour les dépouiller à son tour. Mais ces héros de l'or, bravant les haines et méprisant les insultes, ne courbèrent la tête sous la tempête des persécutions que pour se relever plus puissants et continuer leur œuvre. Le mouvement des croisades qui força les seigneurs féodaux à faire argent de tout pour équiper leurs troupes, s'il facilita l'émancipation des villes et la concentration des forces nobiliaires, rendit les juifs et les marchands indispensables. Elles donnèrent naissance au commerce asiatique qui créa la prospérité des villes du littoral méditerranéen et qui, en obligeant l'établissement des impôts et des gabelles, fournit une base solide pour les opérations de la finance. La découverte du nouveau monde et l'importation de son or, de ses bois précieux, de ses épices, etc. ; le commerce transatlantique, qui détrôna les villes méditerranéennes pour donner la royauté des mers aux villes du Portugal, de la Hollande, de l'Angleterre et de la France, étendirent et consolidèrent le pouvoir des financiers. La fondation, en 1522, par le chancelier Duprat de la dette publique, dite *rentes de l'hôtel de ville,* dont les rentes perpétuelles devaient être payables annuellement sur la taxe du bétail vendu à Paris, indique l'importance sociale acquise par les traitants. Les misérables juifs du xe siècle, que l'on souffletait à la porte des églises, les jours de grandes fêtes, étaient des personnages

avec qui il fallait compter : il est vrai que beaucoup de chrétiens faisaient le métier de juifs, depuis
qu'il ne présentait plus les terribles dangers d'autrefois.

Sully et Colbert pouvaient croire que « les fortunes
excessives faites dans le maniement des deniers publics
ou dans les usures privées étaient funestes à tout le
monde, et surtout à la noblesse, disposée à échanger
son honneur contre de l'argent. » (SULLY, *OEconomies
royales.*) Ils pouvaient instituer des lits de justice pour
faire rendre gorge aux traitants et aux usuriers; ils
devaient cependant user de ménagements avec cette
« espèce de gens auparavant inconnus, qui ont exercé
des usures énormes, en faisant un commerce continuel
des assignations, billets et rescriptions des trésoriers,
receveurs et fermiers généraux... » (*Edit créant la
chambre de justice de 1716.*) Quand, en 1599, Sully se
permit de casser des baux dans lesquels étaient intéres-
sés les banquiers italiens Zamet le cordonnier, Ruc-
cellaï et Scipion Sardini, que le peuple appelait Serre-
Deniers, le grand-duc de Toscane, leur associé, envoya
son frère, Jean de Médicis, croiser sur les côtes de Provence avec plusieurs galères. Louis XIV pouvait écrire
fièrement dans ses Mémoires : « Tout ce qui se trouve
dans l'étendue de nos États, de quelque nature qu'il
soit, nous appartient au même titre... Les deniers qui
sont dans notre cassette, ceux qui demeurent dans les
mains de nos trésoriers et ceux que nous laissons dans
le commerce de nos peuples doivent être également
pour nous ménagés. » Il devait néanmoins souscrire
aux conditions des traitants quand il désirait avoir de
leur argent. L'emprunt de 1673 ne fut pas couvert, mal-

gré l'appel pressant de Colbert aux banquiers étrangers, parce qu'il était au denier 18 (5,5 0/0) et qu'ils le voulaient au denier 14 (7,14 0/0). La finance commençait à devenir la grande puissance sociale.

En attirant dans leurs cours les grands feudataires, qui précédemment avaient groupé dans leur résidence ducales les barons féodaux, les rois brisèrent les forces de résistance de la noblesse et la livrèrent aux traitants, qui hâtèrent sa ruine. Fouquet avait acheté presque tous les seigneurs de la cour et allait commencer une nouvelle Fronde, quand l'acte de vigueur de Colbert l'arrêta. Dès la fin du xvie siècle, les seigneurs s'adressaient aux financiers pour redorer leurs blasons : Mme de Sévigné, si fière de sa naissance, proposait en mariage à un de ses cousins « une petite fille un peu juive de son estoc, mais ses millions nous paraissent de bonne maison ». (Lettre du 3 octobre 1675.) Law et ses *Mississipiens,* en affolant la noblesse par leur agiotage, achevèrent de la discréditer et de la désorganiser. Tous les rangs furent confondus, et l'égalité s'établit à l'ombre de la finance. Un roturier enrichi avait pour valets de chambre quatre demoiselles de qualité et pour écuyers quatre laquais d'origine noble. C'était l'égalité dans la servitude, la seule que connaisse la bourgeoisie capitaliste.

Le trouble que les financiers et leurs spéculations jetèrent dans la société du xviiie siècle permit aux encyclopédistes — (plusieurs étaient des banquiers, d'Holbach, Helvétius, etc.) — d'attaquer les privilèges de la noblesse, qui avaient perdu leur raison d'être. La critique philosophique venait après la révolution économique et allait être suivie par la révolution politique, qui débarrassa les traitants du cauchemar des lits de justice[1].

La Révolution, qui dégagea l'agriculture, l'industrie et le commerce des liens féodaux et corporatifs qui gênaient leur essor, délivra aussi la finance des incertitudes dans lesquelles elle vivait sous les rois de l'ancien régime et ouvrit à son activité de nouveaux champs d'exploitation.

Le chancelier Duprat, en créant en 1522 des rentes perpétuelles sur l'État au titre de 8 0/0, jetait les bases de la dette publique, que déjà Venise et Gênes avaient instituée dans leurs petites républiques commerciales et industrielles. Mais les rois de France, encore imbus des idées féodales sur l' prêt à intérêt, dans les moments d'embarras réduisaient d'un quart et de moitié les rentes des emprunts qu'ils avaient contractés, et parfois sus-

1. La corruption des magistrats qui siégeaient à la dernière chambre de justice de 1716 permit à Samuel Bernard de s'en tirer pour la bagatelle de six millions, aux frères Crozat et à d'autres à beaucoup moins; cependant le châtiment infligé à Paul Poisson répandit la terreur. Ce Poisson, dit Bauvalais, fils d'un paysan bas breton, d'abord domestique, puis fournisseur des armées, s'enrichit au point de placer 34 millions dans les banques étrangères. On confisqua tous ses biens, on prit son bel hôtel de la place Vendôme et on le jeta en prison. — Quand le deuxième empire, inquiet des colères qu'amassaient les flibusteries des financiers, voulut sévir, son magistrat, Oscar de Vallée, n'eut pas même le courage de formuler un réquisitoire; il copia piètrement ceux des chambres de justice de l'ancienne France, et tout se termina par la pose du tourniquet à la Bourse. — Le Panama, la plus colossale escroquerie du siècle, ne valut à Charles de Lesseps que quelques mois de prison, qui firent verser des larmes à la presse bourgeoise, qu'il avait si grassement soudoyée. Eiffel, décoré de toute la ferblanterie de la Légion d'honneur, reçut à sa tour les hôtes de la France, l'amiral Avellan et ses Russes, enchantés de fraterniser avec un homme qui avait fait un coup de 30 millions.

pendaient entièrement leur payement. Les autres souve-
rains d'Europe se conduisaient avec le même sans-gêne
envers les rentiers de l'État. Cette aristocratique manière .
de payer l'intérêt entravait le complet développement .
de la finance moderne, qui repose tout son système de
spéculations sur la solidité du crédit public. Un des premiers et des plus révolutionnaires actes des bourgeois de
1789 fut de déclarer sacro-sainte la dette publique et de
la placer au-dessus de toutes les révolutions politiques
et de tous les changement qui surviendraient à l'avenir.

La dette publique « renferme en soi un germe de pro-
gression automatique... Les emprunts qui mettent les
gouvernements en mesure de faire face aux dépenses
extraordinaires, sans que les contribuables s'en ressen-
tent sur-le-champ, entraînent à leur suite un surcroît
d'impôts ; de l'autre côté, cette surcharge d'impôts cau-
sée par l'accumulation des dettes successivement con-
tractées contraint les gouvernements, en cas de nouvelles dépenses extraordinaires, d'avoir recours à de
nouveaux emprunts. » « La dette publique, dit encore
Marx, opère comme un des agents les plus énergiques
de l'accumulation primitive. Par un coup de baguette,
elle donne à l'argent improductif la vertu reproductive
et le convertit ainsi en capital, sans qu'il ait à subir,
pour cela, les risques et les troubles inséparables de
son emploi industriel et même de l'usure privée. Les
créditeurs publics, à vrai dire, ne donnent rien à l'État,
car leur principal, métamorphosé en effets publics, d'un
transfert facile, continue à fonctionner entre leurs mains
comme autant de numéraire[1]. »

1. KARL MARX, *le Capital*, ch. XXXI.

La Révolution, en plaçant la dette publique au-dessus de toute atteinte, offrait aux financiers pour le placement de leurs capitaux une garantie inconnue jusqu'alors. La vente des biens nationaux leur donna un nouvel élément de prospérité ; pendant que le peuple, ivre d'enthousiasme révolutionnaire, courait aux frontières, les bourgeois révolutionnaires, les Barras, les Fouché, les Ouvrard, les Odier, les Perregaux, amassaient paisiblement des millions. Les royalistes trempaient aussi dans les tripotages nationaux : le baron Louis, ministre sous la Restauration, prit part, tout comme le plus farouche conventionnel, à la colossale liquidation territoriale de 1793. Les guerres de la République et de l'Empire, les emprunts et les fournitures qu'elles nécessitèrent, centuplèrent les richesses de la bande. C'est au milieu des emprunts et des désastres de 1815 que surgit la dynastie des Rothschild.

La Révolution et l'Empire, s'ils fournirent à la finance de nouveaux champs d'exploitation, la chassèrent de ceux où elle avait moissonné son ancienne fortune ; les fermes des impôts, des tabacs, les monopoles du commerce des Indes et des Échelles du Levant, etc., furent abolis. Elle dut alors se rejeter sur l'industrie nationale et s'organiser pour rançonner la circulation des produits en s'emparant des voies de communication. En 1821-22, des compagnies au capital de 128 millions se constituèrent pour le creusement de canaux, — canal du Rhône, de Bourgogne, des Quatre-Canaux, etc. — L'État, la vache à lait de la finance, garantit l'intérêt des capitaux engagés au taux de 5,50 et 6 0/0 ; et quand il lui fut démontré que les canaux étaient une propriété coûteuse, elle les fit racheter en 1853 par l'État à un prix exorbitant. Les chemins de fer et les grandes lignes de navigation interocéaniques, que les financiers accaparèrent, devaient leur donner, comme aux barons du moyen âge, les moyens de prélever des impôts sur les marchandises voyageant sur leurs routes. Parce qu'ils se sont emparés des moyens de transport, ils devaient fatalement, pour augmenter la quantité de produits circulant sur leurs voies de communication, encourager le développement de l'industrie mécanique et du commerce international.

Mais pour établir les gigantesques voies de communication ferrées, pour hâter l'éclosion de la grande industrie mécanique et pour imprimer à sa marche un mouvement accéléré, les capitaux accumulés individuellement, surtout en France, étaient insuffisants ; il fallait recourir à l'association des capitaux déjà accumulés. Une ère nouvelle s'ouvrait pour les financiers. Les disciples de Saint-Simon et du Père Enfantin, ces grands représentants de la Finance moderne, fondèrent le Crédit Mobilier, « cette fournaise ardente d'affaires », et l'opposèrent aux Rothschild, qui, cantonnés dans la Banque de France, « cette cave froide », personnifiaient l'ancienne Finance, ne travaillant qu'avec ses propres capitaux. Le Crédit Mobilier, que favorisa le nouveau système d'emprunts publics, par petites coupures, que le ministre bonapartiste Bineau appelait « la démocratisation des rentes », fut une des sociétés qui, après le coup d'État, sonnèrent le branle-bas financier et qui démontrèrent, mieux qu'on ne l'avait fait auparavant, que « la finance est l'argent des autres ». Les créateurs du Crédit Mobilier, du Crédit Foncier, et autres sociétés écloses pendant les premières années du second Empire, les Péreire, les Fould, les ducs de Morny, de Galliera, de Mouchy, etc., étaient des financiers qui, à l'école de Saint-Simon, avaient appris la force de l'association des capitaux, et des coupe-jarrets politiques qui, dans la possession du pouvoir, ne voyaient qu'un moyen de s'enrichir.

On assista alors à un spectacle incroyable : Louis XIV, le roi soleil, dut courtiser le juif Samuel Bernard pour obtenir la faveur d'un emprunt ; et des hommes inconnus, sans passé, sans titres à la célébrité et à l'attention publique, sans fortune, sans garanties et sans responsabilités, contractèrent des dettes publiques, et levèrent des emprunts que les bourgeois souscrivirent avec avidité. Ils firent sortir au jour, en quelques années, tout l'or et tout l'argent que les paysans thésaurisaient depuis des générations et enfouissaient dans des cachettes. La résurrection de Lazare est incomparablement au-dessous de ce miracle. Le Crédit Mobilier, à lui tout seul, en quinze ans, de 1852 à 1867, ramassa et rejeta dans la circulation un capital de près de quatre milliards : en dix ans, ses directeurs prélevèrent sur la fortune qui passait entre leurs mains, 8,248,445 fr. pour frais de direction, sans compter les intérêts et les dividendes des actions libérées qu'ils s'étaient adjugés comme prime d'invention, et les profits qu'ils faisaient avec le maquignonnage des actions à la Bourse[1]. Émile Péreire, l'homme de génie de la finance moderne, enivré

1. « Le spéculateur initié aux secrets de la coulisse, comme l'étaient les directeurs, dit le banquier Aycard, opérant mois par mois pendant l'année 1853, aurait pu gagner, avec 1,000 actions du Crédit Mobilier, 1,322,000 francs. » (*Histoire du Crédit Mobilier de 1852 à 1867.*)

par la fortune du Crédit Mobilier, qui tenait du prodige, voulut créer « cet *Omnium* rêvé par tous les financiers ». (*Rapport* de 1859.) L'Omnium, c'était la mobilisation de toutes les propriétés foncières, industrielles et commerciales, leur mise en actions et la transmutation des titres de ces diverses sociétés en un titre unique, l'action du Crédit Mobilier. Avant d'avoir pu réaliser ce rêve gigantesque, le Crédit Mobilier se cassa les reins ; mais la première partie du rêve de Péreire est en train de se réaliser, car les entreprises industrielles et commerciales se transforment de plus en plus en sociétés anonymes : et en Amérique, en Australie et aux Indes, les entreprises agricoles se montent par actions.

La finance tend à tout absorber, à tout accaparer : rien ne pourra l'arrêter dans sa marche tant que subsistera la production capitaliste, tant que ne sera pas brûlé le grand livre de la dette publique, la Bible de la bourgeoisie.

La finance, qui plonge ses racines dans la dette publique, est une des conditions indispensables de l'existence de la production capitaliste. Dans toute société à haute civilisation capitaliste, les entreprises industrielles et agricoles prennent de telles proportions que leur établissement présuppose l'accumulation d'un capital considérable, qui ne s'effectue que par le dépouillement constant de la masse de la nation[1] : dans nombre de

1. « Les économistes officiels prétendent que diviser les grands organismes industriels en actions et obligations est une manière d'en disséminer la propriété, de la démocratiser. Mais ils ne veulent pas voir que cette démocratisation de la propriété a permis aux financiers d'extraire des vieux bas, des cachettes secrètes où l'argent se tapissait, tout le capital monétaire, de le centraliser dans leurs mains et d'en monopoliser la gestion, en

cas les capitaux, accumulés individuellement, sont insuffisants, et l'on doit les réunir à l'aide des sociétés
par actions. D'un autre côté, l'importance du capital
roulant que nécessite toute exploitation pour l'achat des
matières premières et des forces-travail, la rapidité et
l'abondance de la production, la lenteur d'écoulement
des produits, l'étendue et l'éloignement des marchés,
la difficulté de la rentrée des fonds, oblige tout indus-

attendant qu'ils arrivent à en accaparer la propriété, grâce à
leurs tours d'escamotage. C'est ainsi que de nos jours se sont
dressées les colossales fortunes financières qui se chiffrent par
centaines de millions et par milliards. Cette façon de morceler
et de disséminer la propriété des entreprises industrielles et commerciales n'a abouti qu'au dépouillement de la masse de la nation de ses capitaux, au profit de quelques rois de la finance. »
(PAUL LAFARGUE, *le Communisme et l'Évolution économique;* 1892.)

On n'avait pas besoin d'attendre le Panama, qui dévalisa tant
de petites gens, pour reconnaître ce rôle expropriateur de la
finance. Déjà en 1874, un économiste, L. Reybaud, écrivait :
« Les caisses d'épargne ne renfermant qu'une portion très réduite des économies populaires, le reste va aux spéculations...
A Lyon, à Saint-Étienne, dans la vallée de Giers, les victimes
étaient surtout les ouvriers les plus intelligents, ceux qui gagnaient de forts salaires. Les ouvriers figurent dans les désastres
financiers pour un contingent plus considérable qu'on ne croit...
Beaucoup me montraient tristement les titres morts ou dépré-
ciés dans lesquels s'étaient abîmées leurs petites fortunes ; naturellement leur choix s'était porté sur les affaires véreuses... Voilà
pourtant à quoi ont abouti ces débauches du crédit qui ont eu
tant de prôneurs et de complices. En dispersant dans les aven-
tures les épargnes du peuple, on a disséminé les garanties sociales
que présentait leur stabilité, et, qui sait? peut-être donné le
goût d'une revanche aux malheureux qui ont été victimes de ces
indignes spéculations. » (*Le Fer et la Houille, étude sur le régime
des manufactures.*)

L'épargne, que vantent les économistes et les politiciens et
qu'encourage l'État, n'a qu'un but : forcer le producteur à se
priver du nécessaire pour que les financiers trouvent dans ses
poches de quoi voler.

triel, pour maintenir et développer son industrie, à
recourir constamment au crédit, c'est-à-dire à des
avances faites par le capital social. Ainsi donc la fortune nationale, c'est-à-dire l'excédent de la production
sur la consommation, doit être ramassée et centralisée,
et tenue toujours en disponibilité pour être distribuée
selon les besoins de la production et de l'échange. Cette
double fonction sociale de pompe aspirante et foulante
est remplie par la finance moderne.

Rien ne démontre plus clairement l'imprévoyance,
l'incohérence et l'anarchie du système capitaliste que
le fait d'avoir confié ces deux fonctions vitales — centralisation et distribution des épargnes nationales — à
des personnalités inconnues, sans contrôle et sans responsabilité ; que d'avoir ainsi livré les intérêts économiques et politiques de la société tout entière à des individus de la pire espèce, « capables de tout et capables
de rien », selon la définition de Berryer ; qui s'emparent
par des « voies criminelles des dépouilles des provinces, de la subsistance du peuple et du patrimoine de
l'État », les détiennent, en consacrent une partie à des
profusions inouïes, qui « insultent à la misère de la
plupart des autres citoyens[1] », et emploient l'autre sans
discrimination à créer et à soutenir des entreprises industrielles nationales et étrangères, parfois des plus
insensées. Par l'escompte des effets de commerce et par
les avances à l'industrie sur connaissements, warrants,
etc., ils prélèvent des impôts sur les transactions commerciales et la production industrielle ; ils transforment les autres catégories des classes régnantes en

____
1. Édit instituant la chambre de justice de 1716.

simples organismes d'extraction, chargés d'exploiter pour leur compte la classe ouvrière.

La fortune colossale que monopolisent les financiers leur donne un pouvoir illimité sur la presse et le gouvernement. Sous Louis-Philippe et sous l'Empire, ils avaient leurs organes attitrés, bien connus; il était alors déshonorant pour un journal politique de recevoir des réclames financières; mais les progrès de la morale capitaliste ont modifié ces absurdes idées : au lieu de risquer leurs capitaux dans la fondation et le maintien d'un journal, ils achètent tous les journaux indistinctement, sans s'occuper de leurs opinions politiques et religieuses, et ils peuvent de la sorte agir sur la masse du public; il les payent par articles publiés; ils ont remplacé le travail à la journée par le travail aux pièces[1]. Les financiers et leurs créatures envahissent le parlement; il en est cependant qui, comme les Rothschild, considèrent au-dessous de leur dignité d'accepter le titre de représentant; ils se contentent de caser leurs commis sur le banc des ministres. Dans la Chambre et le Sénat, financiers, députés et sénateurs s'en-

---

1. Ce fut un scandale général quand, sous l'Empire, on dénonça le *Phare de la Loire*, un des rares organes du parti républicain, d'avoir inséré à sa seconde page une réclame financière. Rothschild est le premier qui mit à la mode l'habitude de soudoyer les journalistes par la distribution des actions libérées de ses entreprises; c'était une manière polie de les intéresser; de nos jours on y va moins délicatement : on envoie tout rédigé l'article à insérer, avec les billets de banque qui doivent payer sa publication. Le Panama, qui, au point de vue éthique et artistique, est un chef-d'œuvre, présente un résumé complet de toutes les coquineries, menteries, chantages, marchandages et tripotages de la finance; la Compagnie avait à sa solde toute la presse française, qui proclamait Lesseps le grand Français, comme organisateur du plus grand vol du siècle.

tendent comme larrons en foire pour s'accorder réciproquement des concessions et autres faveurs et pour mettre au pillage les caisses de l'État.

Mais en dehors de cette action directe sur l'État, les financiers exercent sur la marche politique une autre action qui, pour être indirecte, n'en est pas moins désastreuse : ils manipulent les cours de la Bourse, devenus un thermomètre politique; ils dirigent l'opinion publique par la presse vendue; ils accomplissent la centralisation des épargnes sociales par des voies si brutales et si criminelles, qu'ils bouleversent les conditions d'existence de toutes les classes et élaborent des révolutions. La révolution de février, faite au cri de : « Vive la réforme ! » fut le soulèvement de la petite bourgeoisie contre les députés censitaires que dominaient les gros banquiers. La finance salua l'Empire comme sa terre de Chanaan. Les agioteurs que dirigeait Émile de Girardin, dont le protégé Émile Ollivier était au ministère, ne virent dans la déclaration de guerre à la Prusse qu'une occasion de coups de Bourse. Si la paix, honteusement bâclée, débarrassa Pouyer-Quertier et les industriels de la concurrence de Mulhouse, et les actionnaires d'Anzin, dont Thiers était un des plus riches, des charbons alsaciens, elle permit en revanche aux financiers d'Europe de se ruer sur la France et de transformer ses malheurs en une source inépuisable de scandaleux profits. Jamais homme d'État ne mérita plus dignement le titre de *Père de la patrie* que ce sale crapaud à lunettes, car jamais homme d'État ne saigna plus copieusement le prolétariat et ne présida à un si gigantesque éventrement du patrimoine de la nation; jamais politicien ne démontra mieux que par patrie les classes régnantes n'entendent que leurs intérêts de classe. Mais si les financiers préparent les révolutions politiques et y trouvent des profits immédiats, ce sont eux qui sont les plus lâches pendant la lutte et les plus féroces lors de la répression. En mai 1871, comme en juin 1848, ils réclamaient impérieusement la saignée du prolétariat parisien pour rétablir le crédit.

L'énorme puissance de la finance est indépendante de la forme que revêt le pouvoir politique ; elle s'exerce sans contrôle aussi bien dans l'empire despotique d'Allemagne que dans la république démocratique de l'Union américaine. Les régimes légitimiste, orléaniste, bonapartiste et républicain se sont tour à tour succédé sans ébranler la domination de la finance, dont la puissance grandit sans cesse. Cette néfaste souveraineté n'est pas de celles qu'une révolution politique puisse renverser, car elle se base sur l'exploitation capitaliste de la classe ouvrière intellectuelle et manuelle et sur la Dette publique. Les financiers, qui représentent la fraction la plus insignifiante de la classe bourgeoise, comme nombre, comme intelligence et comme courage, ne disparaîtront que lorsque le prolétariat, maître des pouvoirs publics, expropriera les capitalistes industriels, confisquera la Banque ainsi que les autres institutions de crédit et liquidera la Dette publique.

La finance avec ses pirates cosmopolites qui flibustent dans tous les pays ; avec ses parasites qui vivent sur les classes nanties ; avec ses corrupteurs qui empoisonnent les sacristies, les salons, les cours de justice, les bureaux de rédaction, les sphères gouvernementales ; avec ses voleurs impudents qui, impunis et la conscience tranquille, digèrent en jouisseurs leurs gigantesques rapines ; avec ses grands seigneurs qui, à peine décrassés, dépassent en folles prodigalités le luxe des ducs et des rois féodaux ; avec ses aventuriers qui dilapident la fortune sociale en des entreprises impossibles, mal conçues et mal administrées,... la finance avec ses macabres beautés est la fleur monstrueuse de la civilisation capitaliste.

VII

Le collectivisme capitaliste.

La production industrielle, l'agriculture, le commerce et la finance capitalistes n'ont pù naître et se développer qu'en détruisant le caractère essentiel de la propriété privée, qu'en transformant celle-ci de propriété personnelle en propriété impersonnelle, qu'en établissant le collectivisme capitaliste, qui, au lieu de dériver du communisme, comme le collectivisme primitif, prépare au contraire les voies au communisme.

On a vu précédemment que la propriété privée ne fait et ne peut faire son apparition au sein du communisme primitif que sous une forme essentiellement personnelle : l'objet possédé doit être fabriqué par son possesseur, qui doit, par un usage constant, l'annexer, pour ainsi dire, à sa personne ; alors, dans le sens le plus littéral du mot, *la propriété est le fruit du travail*. Les armes, les ornements, les vêtements, les ustensiles de ménage, sont les premiers objets qui parviennent à la qualité de propriété privée ; la maison étant construite par son propriétaire acquiert aussi ce caractère, qu'elle communique au sol sur lequel elle s'élève et à la bande de terre qui l'entoure. La guerre étend cette qualité à des objets qui, bien que non fabriqués par leur possesseur, sont conquis à la guerre au risque et au péril de sa personne ; ils forment le *peculium castrense* des membres de la famille romaine. Les biens privés étaient tellement personnels qu'on les brûlait avec le cadavre de leur propriétaire.

Ce caractère personnel qui a introduit la propriété privée dans les tribus communistes et qui lui sert de support dans le cours de son évolution séculaire, a tellement imprégné le cerveau humain que, par une fiction sociale, on considère aujourd'hui la propriété privée comme le fruit du travail de son possesseur, et que les défenseurs de la propriété capitaliste lui attribuent de bonne foi, peut-être ! le caractère personnel [1]. Et ce-

---

1. Le pape, qui pense que continuer, dans ce siècle positif, à enseigner les mystères de la religion catholique, c'est perdre son temps, s'est enrôlé parmi les champions de la propriété capitaliste ; il la défend comme le plus vulgaire des économistes. « La propriété privée est pleinement conforme à la nature, dit-il... Que fait l'homme en consumant les ressources de son esprit et les forces de son corps pour se procurer les biens de la nature ? Il s'applique pour ainsi dire à lui-même la portion de la nature corporelle qu'il cultive, et y laisse une certaine empreinte de sa personne, au point qu'en toute justice ce bien sera possédé dorénavant comme sien... La force de ces raisonnements est d'une évidence telle qu'il est permis de s'étonner comment certains tenants d'opinions surannées peuvent encore y contredire, en accordant sans doute à l'homme privé l'usage du sol et les fruits des champs, mais en lui refusant le droit de posséder en qualité de propriétaire ce sol où il a bâti, cette portion de terre qu'il a cultivée. Ils ne voient donc pas qu'ils dépouillent par là cet homme du fruit de son labeur. » (Encyclique *De conditione opificum*.) Léon XIII ne voit pas que sa critique des théories communistes, qu'il ignore, est une condamnation de la propriété capitaliste, qu'il prétend défendre.

pendant la propriété capitaliste a perdu absolument tout caractère personnel : son possesseur ne l'a pas créée et n'en fait aucun usage ; il est à tous les points de vue étranger à sa propriété. La propriété capitaliste est impersonnelle. La finance s'est chargée de déchirer les derniers voiles qui cachaient cette impersonnalité.

L'actionnaire ou l'obligataire d'une entreprise capitaliste est complètement détaché de sa propriété ; il ne vient jamais en contact avec elle ; il n'a pas besoin de l'avoir vue, de connaître l'endroit du globe où elle fonctionne, ni même de s'en faire une représentation mentale ; il ne voit, ne manie, ne connaît et ne se représente que des morceaux de papier diversement coloriés et imprimés.

La réintroduction de la forme collectiviste de la propriété n'a pu être possible précisément que par la destruction du caractère personnel de la propriété privée. Dans le collectivisme consanguin, les habitants d'un même village, unis par les liens du sang, possèdent collectivement tout le territoire et n'ont individuellement que l'usage temporaire des terres arables partagées annuellement, et que la possession privée des récoltes obtenues par leur travail ; les forêts, les prés et les eaux ainsi que leur jouissance demeurent indivis. Dans le collectivisme capitaliste, les actionnaires et les obligataires, qu'aucun lien de parenté ou de nationalité ne réunit et qui sont inconnus les uns aux autres, possèdent collectivement l'entreprise (chemin de fer, filature, hauts fourneaux, mines, etc.). Elle demeure et forcément demeure indivise, bien que les propriétaires soient disséminés dans toutes les directions ; ils n'ont pas et ne peuvent avoir l'usage de leur propriété, mais ils en récoltent individuellement les bénéfices sans fournir le moindre travail [1].

Le propriétaire du collectivisme consanguin était un propriétaire réel; il faisait usage de sa propriété, et l'abondance de ses récoltes correspondait à la dépense qu'il faisait « des ressources de son esprit et des forces de son corps ». Le propriétaire du collectivisme capitaliste est purement nominal; il est un véritable parasite, puisqu'il ne fait pas valoir par son propre travail la propriété dont il récolte les fruits : lui-même s'empresse de proclamer son caractère parasitaire en faisant circuler à la Bourse ses actions et obligations, qui souvent, dans la même journée, changent plusieurs fois de propriétaires [2]. Les Rothschild et les sous-Rothschild

---

1. Le mot collectivisme employé par Collins dans un sens spécial, mis en circulation par Depaepe, par Schœffle, le socialiste chrétien, et par l'anarchiste Bakounine, a été importé en France, sans qu'on se fût rendu compte de sa signification. Il a permis à nos adversaires d'accuser les socialistes français de vouloir faire régresser le mouvement au collectivisme du *mir* russe, une forme épuisée de la propriété. Mais, à partir de la deuxième *Égalité* (1880), la vulgarisation des théories de Marx et d'Engels ayant donné une signification communiste au mot collectivisme, on n'a pas cru utile de le supprimer.

2. Au début de la production capitaliste, alors que le propriétaire remplissait un rôle organisateur et dirigeant, Adam Smith pouvait essayer d'autoriser, avec quelque apparence de raison, le prélèvement fait par le capital sur les produits du travail sous forme d'intérêt, rente foncière et profits industriels, en prétendant que le capitaliste rendait des services par ses vertus abstinentes et ses capacités directrices; mais les Leroy-Beaulieu, Roscher et ses autres réductions à l'absurde devraient trouver quelque chose de moins ridicule, aujourd'hui que la propriété, parvenue au plus haut degré de fluidité, peut passer de main en main à la Bourse, sans laisser de traces de son origine et sans amener de perturbations économiques par ce changement continuel de possesseurs.

se chargent de prouver pratiquement leur parfaite inutilité en confisquant, par des coups de Bourse et autres
tours de haute prestidigitation agiotique, leurs actions et obligations et en concentrant dans les coffres-
forts de la finance les bénéfices des entreprises capitalistes.

Alors que le baron demeurait dans son château
fort, au milieu de ses vassaux, rendant la justice en
temps de paix et endossant la cuirasse à la moindre
alerte, et se mettant à la tête de ses hommes d'armes
pour les défendre, la noblesse féodale était une classe
essentiellement utile, qu'il aurait été impossible de
supprimer; mais dès qu'une tranquillité relative se fut
établie dans les campagnes, les seigneurs, devenus inutiles, abandonnèrent leurs châteaux et se concentrèrent
dans les cours ducales, épiscopales et royales; là ils
finirent par former un corps étranger à la nation,
vivant parasitairement sur elle : dès ce moment l'arrêt de mort de l'aristocratie était prononcé. Si dans
tous les pays civilisés de l'Europe les nobles n'ont pas
été brutalement fauchés comme en France, ils ont
perdu partout leurs privilèges féodaux et sont confondus dans la masse bourgeoise, dont ils ne se distinguent plus que par le ridicule de leurs prétentions
aristocratiques. La noblesse a disparu comme classe
dirigeante. Le même sort est réservé à la classe capitaliste. Du jour où le capitaliste est devenu inutile
dans la production sociale, l'arrêt de mort de sa classe
a été signé : les phénomènes économiques qui ont
rendu la sentence se chargeront de préparer le moment de son exécution. Les capitalistes qui survivront
à la ruine de leur société n'auront même pas les gro-

tesques privilèges des seigneurs à trente-six quartiers
pour se consoler de la grandeur déchue de leur classe.

VIII

Le communisme en retour.

L'humanité ne progresse pas en ligne droite, comme
le pensait Saint-Simon ; ainsi que les corps célestes autour de leur centre d'attraction et que les feuilles sur la
tige, elle décrit dans sa marche une spirale dont les
cercles vont continuellement s'élargissant. Elle arrive nécessairement à des points correspondants, et l'on voit
alors reparaître des formes antérieures que l'on croyait
éteintes à jamais ; mais elles ne reparaissent que profondément modifiées par la succession ininterrompue
des phénomènes économiques et sociaux qui se sont
produits dans le cours du mouvement. La civilisation
capitaliste, qui a réintroduit le collectivisme, achemine
fatalement l'humanité vers le communisme.

L'homme, parti du communisme simple et grossier
des temps primitifs, retourne à un communisme com-
plexe et scientifique ; c'est la civilisation capitaliste qui
en élabore les éléments, après avoir enlevé à la propriété privée son caractère personnel.

Les instruments de production, qui, pendant la période
de la petite industrie, étaient disséminés et possédés individuellement par les artisans, arrachés de leurs mains,
sont centralisés, *mis en commun* dans de gigantesques
fabriques et dans de colossales fermes. Le travail a
perdu son caractère individuel. L'artisan ouvrait chez
lui, individuellement ; le prolétaire travaille en com-

mun dans l'atelier; le produit, au lieu d'être individuel, est une *œuvre commune*.

L'artisan possédait individuellement son outil et son
œuvre, parce qu'il était seul à manier l'un et à façon-
ner l'autre; le prolétaire ne peut posséder individuellement ni l'instrument de travail ni le produit, parce
qu'il ne peut ni mettre en action l'une, ni créer l'autre, sans la coopération d'une *communauté* de travailleurs. La possession de l'outillage mécanique et de ses
produits ne peut être que *commune*, parce que outils
et produits ne sont ni d'usage individuel ni de fabrication individuelle, conditions qui seules légitiment la
propriété privée. Leur possession par une collectivité de
capitalistes est temporairement privée. Mais cette possession privée est une usurpation que rien ne justifie :
elle doit fatalement disparaître. La civilisation capitaliste se charge elle-même de cette disparition, puisque, en centralisant constamment la fortune sociale,
elle diminue successivement le nombre des usurpateurs,
et qu'elle crée, assemble, prépare et organise la classe
qui doit accomplir la dépossession finale de la classe
usurpatrice.

La population ouvrière s'agglomère à mesure que
les instruments de travail se concentrent. L'ouvrier de
la grande industrie, le prolétaire, dépouillé de son outil
et de son habileté technique, ne possède que les objets
appropriés personnellement sous forme de vivres, de
vêtements, de meubles; son cerveau, débarrassé des instincts propriétaires, engendrés par des siècles de petite
industrie, est, à son insu, préparé pour recevoir les
théories communistes que lui apportent les propagan-
distes socialistes qui ne les inventent pas, mais qui les

dégagent des phénomènes du milieu ambiant. L'entasse-
ment des prolétaires par dizaines et centaines de mille
rend facile leur organisation pour les luttes économiques et politiques.

Le prolétariat intellectuel et manuel, la classe qui,
maîtresse des pouvoirs publics, mettra fin à l'usurpation
capitaliste et imposera la reconnaissance sociale de la
forme communiste revêtue par les instruments de production centralisés, a été créée, assemblée et organisée
par les capitalistes eux-mêmes. La reconnaissance sociale du communisme sera chose facile, la civilisation capitaliste s'étant chargée d'une bonne part de la besogne.

L'organisation du travail préoccupait les socialistes
d'avant 1848, qui avaient la prétention de la tirer toute
faite de leurs têtes : l'industrie mécanique, le grand
commerce et la finance l'ont réalisé lentement, savamment, d'après les nécessités de la production et de l'é-
change, dans les banques, les bazars, les entreprises capitalistes, les fabriques et les industries complémentaires
qui s'unissent sous la direction d'un même capital pour
faire subir à la matière première toutes ses transformations industrielles. Sans effort, sans trouble pour le
travail, une administration nationale pourra supplanter
la direction capitaliste, aujourd'hui que toutes les fonctions intellectuelles et manuelles de la production sont
remplies par des non-propriétaires, par des salariés.
Les bénéfices, au lieu d'être dévorés par des oisifs,
seront consacrés au bien-être des producteurs; c'est
à quoi se bornera toute la perturbation[1].

1. Les adversaires du socialisme, qui font entre eux concurrence de mauvaise foi et d'ignorance, prétendent que les communistes se proposent de dépouiller les paysans propriétaires de

Non seulement l'organisation du travail est faite,
mais le contrôle de la production est en bonne voie de
se faire. En effet, quoique la production capitaliste
soit livrée à l'anarchie, chaque industriel produisant
pour produire, sans même tenir compte de l'engorgement
du marché, cependant la science statistique, qui date de
la fin du siècle dernier, a été créée pour renseigner
sur l'état des besoins et la quantité des marchandises
existantes. La statistique, qui n'est utilisée que par les
spéculateurs pour exploiter les producteurs et les
consommateurs, est destinée à fournir le moyen de
contrôler la production et de la réglementer d'après
les besoins sociaux, comme une ménagère s'appro-
visionne d'après le nombre de personnes à nourrir[1].

leurs champs, et les petites gens de leurs épargnes et de leur
liberté. Ils ne s'aperçoivent pas qu'ils les accusent de vouloir
perpétrer des crimes que commettent quotidiennement les capitalistes en monopolisant la terre, en filoutant les épargnes et en
emprisonnant les prolétaires dans leurs bagnes industriels, où
l'on rogne le temps nécessaire aux repas, au sommeil et à la satisfaction des besoins les plus pressants, où l'on défend de chanter
et de parler et où l'on transforme l'homme en un automate, ne
remuant bras et jambes que pour obéir aux mouvements de la
machine.

1. Les spéculateurs cosmopolites du commerce des blés, s'ils
ne songent pas à régler la production des grains, sont si bien ren-
seignés sur le rendement annuel de la récolte des céréales, dans
le monde entier, qu'ils savent exactement de combien elle est
supérieure ou inférieure aux besoins ordinaires des populations.

Les fabricants de papiers font en ce moment une tentative
pour régler leur production sur la consommation. Au mois
d'octobre 1894, se réunissaient à l'hôtel de ville d'Anvers les
fabricants de papiers de France, d'Allemagne, d'Angleterre, de
Norvège, d'Autriche-Hongrie, de Belgique et des Pays-Bas : ils
émettaient l'idée que pour supprimer la surproduction qui
compromet leurs profits, il fallait limiter aux besoins la production et même raréfier le papier si c'était nécessaire. — Une commission de trois délégués par nation, siégeant à Bruxelles, est

Le communisme ne pouvait reparaître dans l'évolution de l'espèce humaine, qu'au moment où l'on parviendrait à satisfaire tous les appétits normaux de l'homme physique et intellectuel; car la division des hommes, égaux à l'origine, en classe exploitrice et en classe exploitée, est due précisément à l'impossibilité dans laquelle se trouvaient l'industrie et l'agriculture rudimentaires du communisme primitif de subvenir aux besoins qui croissaient avec la multiplication des hommes et avec leurs progrès sociaux. Mais la mécanique et la chimie industrielles ont tellement puissancié la productivité humaine, qu'il n'existe pas de besoins normaux dont on ne puisse assurer la satisfaction, et au delà, avec luxe[1].

chargée d'étudier les voies et moyens d'arriver à ce résultat. — L'hypocrisie étant toujours représentée dans un congrès bourgeois, cet essai de réglementer internationalement la production d'une industrie, centralisée entre les mains d'un petit nombre de capitalistes, est donné comme un moyen d'améliorer le sort des ouvriers, à qui on accorderait un jour de repos par semaine, en suspendant le travail le dimanche.

1. La preuve : dans la seconde moitié de ce siècle, il y a eu un besoin sans précédent de fer et d'acier pour créer les chemins de fer, la navigation à vapeur, et pour développer l'outillage mécanique de l'industrie et de l'agriculture. La production s'est attelée à l'œuvre; elle a suffi à toutes les demandes et au delà, puisqu'il y a eu périodiquement des crises de surproduction dans le fer, des moments où l'on avait tellement produit qu'il n'y avait plus d'écoulement, plus de demandes. Et cependant en ces cinquante années on a couvert la terre de machines et de constructions métalliques, on l'a sillonnée de rails, on a mis positivement le globe aux fers. Si l'on entassait les machines, les rails, tout le métal extrait des mines et travaillé dans les ateliers, on dresserait des montagnes de fer plus hautes que l'Himalaya. Voilà une des merveilles de la production capitaliste à forme communiste.

Voici une autre preuve : produire du blé en quantité suffisante

Le communisme, qui présuppose l'abolition des classes et l'égalité de tous les membres de la société, femmes et hommes, ne pouvait non plus revenir tant que durait la division du travail, qui a séparé les sexes, enlevant la femme à ses fonctions sociales pour l'emprisonner dans les travaux privés du ménage et la courber sous le joug marital, et qui a divisé les hommes en classes, les uns occupés de la défense et de la direction sociale, les autres réduits à la condition d'esclaves, de colons, de serfs et de prolétaires, subdivisés et parqués dans les mille spécialités de la production.

La machine supprime la division du travail et éga-

est la première condition de l'existence sociale; ce problème a été résolu et au delà. Dans les départements où la propriété foncière est centralisée et où les méthodes scientifiques et mécaniques de culture sont appliquées, la production granifère est de 25 et 30 hectolitres à l'hectare, tandis que la moyenne est seulement de 15 ; il y a quelques dizaines d'années, elle était de 13, 12 et même 11. Si l'agriculture à forme communiste, limitée seulement à quelques départements du Nord-Est, était généralisée, la France récolterait 200 et 300 millions d'hectolitres, au lieu de 100 et quelques qu'elle moissonne annuellement. Un agronome américain publiait dernièrement un mémoire sur la productivité des nouveaux territoires à blé découverts à l'ouest de la baie d'Hudson; il établissait que si ces terres, d'une fertilité incomparable, étaient cultivées par un million d'hommes outillés mécaniquement et organisés comme ils le sont déjà dans les vastes fermes du Far-West, on arriverait à produire, sans engrais, pendant des années, assez de grains pour nourrir tout l'univers, dont les terres à blé seraient laissées en friche pour refaire leur fertilité naturelle.

J'ai pris pour exemple le fer et le blé, les deux produits les plus indispensables; je pourrais prendre, les uns après les autres, tous les autres produits, et montrer que la production est tellement colossale, que partout elle dépasse la consommation; aussi la préoccupation des industriels n'est plus comment produire, mais comment trouver des consommateurs: ils vont les chercher en Asie, en Afrique, au diable.

lise les hommes et les femmes dans le travail. Elle envahit toutes les branches de l'activité productrice et les transforme en industries mécaniques; il arrivera un moment où il n'existera qu'un métier universel, le métier de mécanicien. La femme et l'homme, initiés dès leur enfance à la conduite des machines, pourront passer indifféremment de la couture au tissage, au labourage, en un mot parcourir toute la gamme des industries mécaniques, pour le plus grand profit de leur santé physique et intellectuelle, au lieu de végéter, cloîtrés leur vie durant, dans un métier comme l'artisan du moyen âge.

La machine qui supplante la femme dans ses fonctions familiales, qui l'arrache du foyer domestique, qui la vole au berceau de son enfant, qui l'entombe dans le bagne capitaliste et qui la torture, en l'obligeant de participer à la production industrielle, la restaure dans la fonction sociale qu'elle a remplie à l'époque du communisme primitif; elle lui fera reprendre son rôle grandiose d'initiatrice, dont le souvenir nous est conservé par les mythes et les légendes des religions du monde antique[1].

La machine qui impose au producteur la tâche d'un

1. En effet, aux Indes, en Égypte, en Asie Mineure, en Grèce, ces plus antiques berceaux de l'humanité, c'est à des déesses et non à des dieux qu'est attribuée l'invention des arts et des pratiques industrielles. Ces souvenirs mythiques font supposer que le cerveau féminin a été le premier à se former; c'est encore le cas aujourd'hui; les fillettes sont plus éveillées et plus intelligentes que les petits garçons ; si plus tard elles perdent ces qualités supérieures, la faute en revient à l'absurde système d'éducation morale, physique et intellectuelle auquel on les condamne depuis des milliers d'années. « La femme est inférieure, » disent les pédants du capitalisme : pardieu! on la met dans une camisole de force dès son jeune âge. Le lièvre ne courrait pas plus vite que la tortue, si on liait ses quatre pattes.

automate, qui le courbe sous l'abrutissant niveau du
sur travail, de la pauvreté économique et de la misère
physiologique, est destinée à lui redonner les loisirs
des temps primitifs, à lui faire échanger la vie de bête
de somme des prolétaires de la civilisation contre la
vie d'homme libre que mènent les sauvages et les barbares des tribus communistes.

La femme et l'homme, déprimés, mutilés physique-
ment et intellectuellement dans la civilisation capitaliste; rivés au travail qui se monotonise à mesure qu'il
s'avilit; enserrés, comprimés dans une profession, dans
un métier, comme le pied de la Chinoise dans son sabot
de porcelaine; stultifiés par les préjugés de classe, ligotés par les préceptes de la morale propriétaire et de la
morale sexuelle, ne pourront développer harmonique-
ment leurs muscles et leurs cerveaux, équilibrer leurs
passions, redevenir des êtres libres et complets comme
l'étaient les sauvages, que dans la société communiste
que fera éclore le monde capitaliste. Mais ils seront
d'une complexité autrement délicate. A la dégradante
égalité du surtravail et de la misère civilisée succé-
dera l'inégalité des qualités naturelles, trouvant à leur
disposition tous les moyens de développement : inégalité dont n'a nul souci la civilisation capitaliste, et
qui cependant est la condition indispensable du perfectionnement de l'espèce, qui ne progresse que par
la différentiation des individus, que par la création et
la fixation des variétés.

La civilisation capitaliste, qui ébauche le moule économique du communisne, introduit aussi dans le domaine politique et social les institutions et les mœurs
du communisme.

Le suffrage universel, que les sauvages, hommes et femmes, emploient pour le choix de leurs *sachems* et chefs militaires, après avoir été supprimé, est rétabli, restreint à un sexe, il est vrai, par les bourgeois qui le proclament l'unique source des pouvoirs publics. Il présuppose, au moins fictivement, l'égalité et la liberté des citoyens, qui existaient réellement au sein du communisme primitif.

Les habitations des tribus communistes étaient communes, les repas étaient communs, les enfants étaient élevés en commun. Les enfants des écoles communales sont instruits en commun aux frais de la commune; ils sont également nourris en commun, aux frais de la commune, dans les municipalités socialistes. Les civilisés sont empoisonnés et volés en commun dans les restaurants, et encasernés en commun dans les maisons à six et sept étages des grandes villes.

Si jusqu'ici le suffrage universel n'a été qu'une duperie, si les maisons sont des serres d'étiolement et des foyers de fièvre, si les autres institutions à forme communiste sont à rebours, c'est-à-dire tournées contre ceux qui sont obligés de les subir, c'est que ces institutions ne s'introduisent dans la société bourgeoise que pour profiter aux capitalistes; mais, malgré toutes leurs imperfections et tous leurs désagréments, elles usent et effacent les sentiments individualistes des civilisés et les façonnent aux habitudes et aux mœurs du communisme.

Le capital est sans patrie; il se précipite partout où le profit l'appelle; il exploite les producteurs sans distinction de race et de nationalité; il les relie, les mêle et les confond avec ses entreprises industrielles, commerciales et financières. Là où il s'implante, il fait surgir la même civilisation, les mêmes mœurs et les mêmes habitudes ; il enfièvre les possédants des mêmes intérêts égoïstes, de la même soif de lucre ; il frappe les travailleurs du même surtravail, de la même pauvreté ; il souffle dans leurs cœurs les mêmes passions de révolte qui, par-dessus les frontières et les mers, les unissent en une seule classe internationale, le Prolétariat ; partout cette classe s'organise et s'agite pour prendre sa place au soleil et pour conquérir les pouvoirs publics. Le communisme, qui nécessairement, fatalement, sortira de cette poussée révolutionnaire des peuples civilisés, ne peut être qu'international, et il s'élargira pour englober tous les membres de la famille humaine : bien que lui ressemblant, il se différenciera du communisme primitif, qui n'enfermait dans son cercle restreint que les membres de la même *gens,* ou la même tribu ; tout être humain non compris dans l'étroite limite du sang était, à cette époque, l'étranger, était l'ennemi.

Le communisme international, comme l'enfant dans le sein de la mère, grandit et se remue dans la société moderne ; des événements économiques et politiques, dont il est impossible de prévoir l'heure fatale d'arrivée, briseront l'enveloppe capitaliste qui l'emprisonne et le comprime, et alors il naîtra au monde et s'imposera comme la forme sociale nécessaire.

Le communisme a été le berceau de l'humanité, émergeant de l'animalité ; là, et là seulement, elle pouvait se multiplier et réaliser ses premiers et plus difficiles progrès. Cette époque est restée l'*âge d'or,* le *paradis terrestre,* dans l'imagination des peuples ; son souvenir s'est parfois obscurci, jamais il ne s'est éteint ;

aux temps tourmentés de l'histoire, il revit d'une nouvelle flamme ; et les penseurs la rêvent en de généreuses utopies, et les hommes d'action se sacrifient pour en hâter le retour. Mais ni la magie des utopies, ni l'héroïsme des sacrifices, ne pouvaient ramener le communisme : la force brutale des phénomènes économiques devait réussir là où la force intelligente des hommes avait échoué.

L'homme n'a dompté et domestiqué les forces du monde naturel, dont il fut le jouet, que pour retomber sous le dur esclavage des forces du monde artificiel ou économique, qu'il a tiré du néant; et les forces naturelles, domestiquées en forces économiques, se vengeaient de leur croissant esclavage industriel en appesantissant sur l'homme le joug de l'esclavage économique. Les forces économiques libres et déchaînées le ballottent comme un fétu de paille dans les tourbillons de leurs jeux et de leurs conflits, et, plus terribles que les vents du ciel, elles soufflent la tempête dans les sociétés humaines; pendant les longs siècles de la période propriétaire, elles ont torturé, broyé l'humanité, impuissante à les contrôler. Ce sont cependant ces forces impitoyables, déréglées, aveugles, folles, du monde économique, qui réintroduisent le communisme, à l'insu des hommes, en dépit des hommes. Le communisme ne revit plus seulement dans la tête des penseurs et dans la fantaisie des peuples, aspirant après la paix et le bonheur; il renaît dans la réalité économique ; il nous enveloppe de son industrie et de son agriculture, il nous enlace de ses mœurs et de ses institutions; il pétrit le cerveau inconscient des hommes et soulève les masses misérables du Prolétariat. Le communisne existe à l'état latent dans les profondeurs du monde économique; et pour apparaître sur la scène sociale, il n'attend que l'heure fatale de la Révolution.

L'heure si vainement et si ardemment attendue durant d'interminables siècles est proche : encore un peu, et l'Humanité va revenir au communisme; elle va retrouver son bonheur perdu et se laver des vils intérêts, des basses passions, des égoïstes et antisociales vertus de la période propriétaire. Elle domptera alors les forces économiques incontrôlées et portera à leur plus haute perfection les belles et nobles qualités de l'homme.

Heureux, trois fois heureux les hommes et les femmes qui verront ce renouveau !

TABLE DES MATIÈRES

CHAPITRE PREMIER

LES FORMES DE LA PROPRIÉTÉ CONTEMPORAINE

CHAPITRE II

LE COMMUNISME PRIMITIF

CHAPITRE III

LE COLLECTIVISME CONSANGUIN

CHAPITRE IV

LA PROPRIÉTÉ FÉODALE

CHAPITRE V

LA PROPRIÉTÉ BOURGEOISE

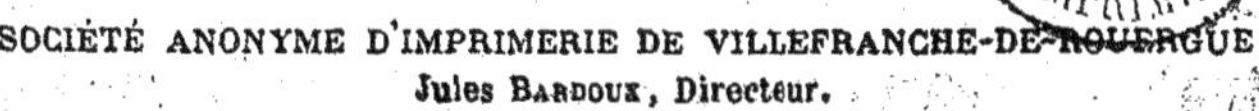